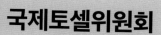

국제토셀위원회

TOSEL
심화문제집

BASIC

CONTENTS

Actual Test 1   page **10**

Actual Test 2   page **40**

Actual Test 3   page **70**

Actual Test 4   page **100**

Actual Test 5   page **130**

Appendix (Vocabulary)   page **161**

OMR 카드

정답 및 해설 별책

About this book

1 **Actual Test**

토셀 최신 유형을 반영하여
실전 모의고사를 5회 실었습니다.
수험자들의 토셀 시험에 대한
대비 및 적응력 향상에 도움이 됩니다.

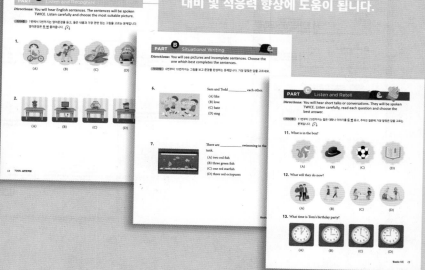

2 **Appendix**

필수 어휘를 포함한 모의고사에 나온
빈도 수 높은 어휘를 제공함으로써
평소 어휘 정리뿐 아니라 시험 직전 대비용으로
활용 가능합니다.

3 **Answer**

자세한 해설과 문제 풀이로
오답 확인 및 시험 대비를 위한 정리가 가능합니다.

④ 심화문제 유형 및 만점전략

각 Actual Test에서 응시생들이
가장 많이 틀린 문제 유형을 확인하고,
이런 유형의 문제 공략법을 공부합니다.

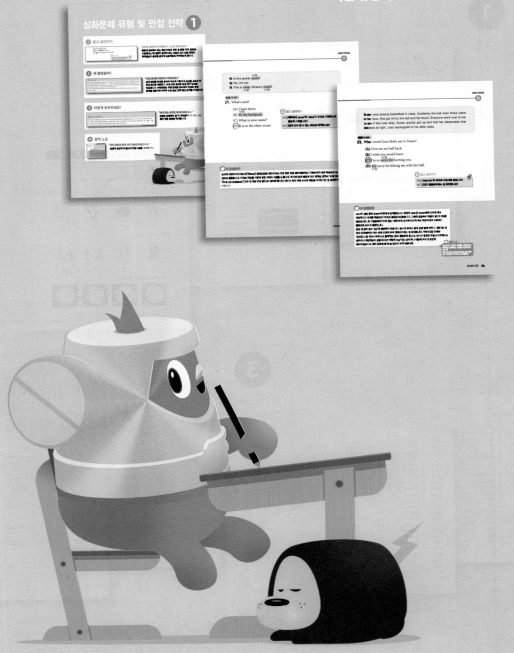

TOSEL® Level Chart   TOSEL 단계표

COCOON
아이들이 접할 수 있는 공식 인증 시험의 첫 단계로써, 아이들의 부담을 줄이고 즐겁게 흥미를 유발할 수 있도록 컬러풀한 색상과 디자인으로 시험지를 구성하였습니다.

Pre-STARTER
친숙한 주제에 대한 단어, 짧은 대화, 짧은 문장을 사용한 기본적인 문장표현 능력을 측정합니다.

STARTER
흔히 접할 수 있는 주제와 상황과 관련된 주제에 대한 짧은 대화 및 문장을 이해하고 일상생활 대화에 참여하며 실질적인 영어 기초 의사소통 능력을 측정합니다.

BASIC
개인 정보와 일상 활동, 미래 계획, 과거의 경험에 대해 구어와 문어의 형태로 의사소통을 할 수 있는 능력을 측정합니다.

JUNIOR
일반적인 주제와 상황을 다루는 회화와 짧은 단락, 실용문, 짧은 연설 등을 이해하고 알맞은 응답을 할 수 있는 의사소통 능력을 측정합니다.

HIGH JUNIOR
넓은 범위의 사회적, 학문적 주제에서 영어를 유창하고 정확하게, 사용할 수 있는 능력 및 중문과 복잡한 문장을 포함한 다양한 문장구조의 파악 능력을 측정합니다.

ADVANCED
대학 및 대학원에서 요구되는 영어능력과 취업 또는 직업근무환경에 필요한 실용영어 능력을 측정합니다.

COCOON
유치원생
영어의 첫 걸음 단계

Pre-STARTER
초등 1,2학년
영어를 시작하는 단계

STARTER
초등 3,4학년
영어의 밑바탕을 다지는 단계

BASIC
초등 5,6학년
영어의 도약 단계

JUNIOR
중학생
영어의 실전 단계

HIGH JUNIOR
고등학생
영어의 고급화 단계

ADVANCED
대학생, 직장인
영어의 완성 단계

About TOSEL®

TOSEL은 각급 학교 교과과정과 연령별 인지단계를 고려하여 단계별 난이도와 문항으로
영어 숙달 정도를 측정하는 영어 사용자 중심의 맞춤식 영어능력인증 시험제도입니다.
평가유형에 따른 개인별 장점과 단점을 파악하고, 개인별 영어학습 방향을 제시하는 성적분석자료를 제공하여
영어능력 종합검진 서비스를 제공함으로써 영어 사용자인 소비자와
영어능력 평가를 토대로 영어교육을 담당하는 교사 및 기관 인사관리자인 공급자를
모두 만족시키는 영어능력인증 평가입니다.

TOSEL은 인지적-학문적 언어 사용의 유창성 (Cognitive-Academic Language Proficiency, CALP)과
기본적-개인적 의사소통능력 (Basic Interpersonal Communication Skill, BICS)을
엄밀히 구분하여 수험자의 언어능력을 가장 친밀하게 평가하는 시험입니다.

대상	목적	용도
유아, 초, 중, 고등학생, 대학생 및 직장인 등 성인	한국인의 영어구사능력 증진과 비영어권 국가의 영어 사용자의 영어구사능력 증진	실질적인 영어구사능력 평가 + 입학전형 및 인재선발 등에 활용 및 직무역량별 인재 배치

연혁

2002.02	국제토셀위원회 창설 (수능출제위원역임 전국대학 영어전공교수진 중심)
2004.09	TOSEL 고려대학교 국제어학원 공동인증시험 실시
2006.04	EBS 한국교육방송공사 주관기관 참여
2006.05	민족사관고등학교 입학전형에 반영
2008.12	고려대학교 편입학시험 TOSEL 유형으로 대체
2009.01	서울시 공무원 근무평정에 TOSEL 점수 가산점 부여
2009.01	전국 대부분 외고, 자사고 입학전형에 TOSEL 반영 (한영외국어고등학교, 한일고등학교, 고양외국어고등학교, 과천외국어고등학교, 김포외국어고등학교, 명지외국어고등학교, 부산국제외국어고등학교, 부일외국어 고등학교, 성남외국어고등학교, 인천외국어고등학교, 전북외국어고등학교, 대전외국어고등학교, 청주외국어고등학교, 강원외국어고등학교, 전남외국어고등학교)
2009.12	청심국제중·고등학교 입학전형 TOSEL 반영
2009.12	한국외국어교육학회, 팬코리아영어교육학회, 한국음성학회, 한국응용언어학회 TOSEL 인증
2010.03	고려대학교, TOSEL 출제기관 및 공동 인증기관으로 참여
2010.07	경찰청 공무원 임용 TOSEL 성적 가산점 부여
2014.04	전국 200개 초등학교 단체 응시 실시
2017.03	중앙일보 주관기관 참여
2018.11	관공서, 대기업 등 100여 개 기관에서 TOSEL 반영
2019.06	미얀마 TOSEL 도입 발족식 베트남 TOSEL 도입 협약식
2019.11	고려대학교 편입학전형 반영
2020.06	국토교통부 국가자격시험 TOSEL 반영
2021.07	소방청 간부후보생 선발시험 TOSEL 반영
2021.11	고려대학교 공과대학 기계학습·빅데이터 연구원 AI 연구 협약
2022.05	AI 영어학습 플랫폼 TOSEL Lab 공개
2023.11	고려대학교 경영대학 전국 고등학생 대상 정기캠퍼스 투어 프로그램 후원기관 참여
2024.01	제1회 TOSEL VOCA 올림피아드 실시
2024.03	고려대학교 미래교육원 TOSEL 전문가과정 개설

Evaluation ——————— 평가

기본 원칙

TOSEL은 PBT(PAPER BASED TEST)를 통하여 간접평가와 직접평가를 모두 시행합니다.

TOSEL은 언어의 네 가지 요소인 읽기, 듣기, 말하기, 쓰기 영역을 모두 평가합니다.

문자언어   음성언어

읽기능력 + 듣기능력

쓰기능력   말하기능력

대한민국 대표 영어능력 인증 시험제도

TOSEL®

Reading 읽기	모든 레벨의 읽기 영역은 직접 평가 방식으로 시행합니다.
Listening 듣기	모든 레벨의 듣기 영역은 직접 평가 방식으로 시행합니다.
Speaking 말하기	모든 레벨의 말하기 영역은 간접 평가 방식으로 시행합니다.
Writing 쓰기	모든 레벨의 쓰기 영역은 간접 평가 방식으로 시행합니다.

TOSEL은 연령별 인지단계를 고려하여 7단계로 나누어 평가합니다.

1 단계	**TOSEL® COCOON**	**5~7세의 미취학 아동**
2 단계	**TOSEL® Pre-STARTER**	**초등학교 1~2학년**
3 단계	**TOSEL® STARTER**	**초등학교 3~4학년**
4 단계	**TOSEL® BASIC**	**초등학교 5~6학년**
5 단계	**TOSEL® JUNIOR**	**중학생**
6 단계	**TOSEL® HIGH JUNIOR**	**고등학생**
7 단계	**TOSEL® ADVANCED**	**대학생 및 성인**

Grade Report —————— 성적표 및 인증서

고도화 성적표: 응시자 개인별 최적화 AI 정밀진단

20여년간 축적된 약 100만명 이상의 엄선된 응시자 빅데이터를 TOSEL AI로 분석·진단한 개인별 성적자료

전국 단위 연령, 레벨 통계자료를 활용하여 보다 정밀한 성취 수준 판별
파트별 강/약점, 영역별 역량, 8가지 지능, 단어 수준 등을 비교 및 분석하여 폭넓은 학습 진단
오답 문항 유형별 심층 분석 자료 및 솔루션으로 학습 방향 제시, TOSEL과 수능 및 교과학습 성취기준과의 연계
모바일 기기 지원 - UX/UI 개선, 반응형 웹페이지로 구현되어 태블릿, 휴대폰, PC 등 다양한 기기 환경에서 접근 가능

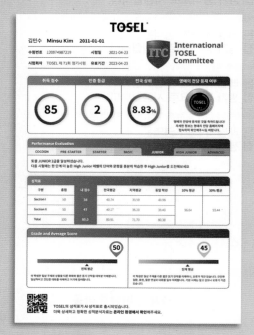

기본 제공 성적표

고도화 성적표 (일부 유료)

단체 성적 분석 자료

단체 및 기관 대상

- 레벨별 평균성적추이, 학생분포
  섹션 및 영역별 평균 점수, 표준편차

TOSEL Lab 지정교육기관 대상 추가 제공

- 원생 별 취약영역 분석 및 보강방안 제시
- TOSEL수험심리척도를 바탕으로 학생의 응답 특이성을
  파악하여 코칭 방안 제시
- 전국 및 지역 단위 종합적 비교분석
  (레벨/유형별 응시자 연령 및 규모, 최고득점 등)

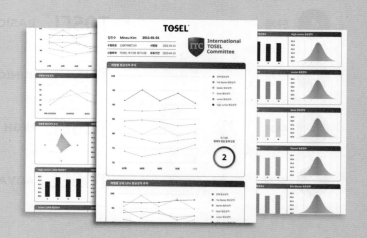

'토셀 명예의 전당' 등재

특별시, 광역시, 도 별 **1등 선발**
(7개시 9개도 **1등 선발**)

*홈페이지 로그인 – 시험결과 – 명예의 전당에서
 해당자 등재 증명서 출력 가능

'학업성취기록부'에 토셀 인증등급 기재

개인별 **'학업성취기록부'** 평생 발급
진학과 취업을 대비한 **필수 스펙관리**

인증서

대한민국 초,중,고등학생의 영어숙달능력 평가 결과 공식인증

고려대학교 인증획득 (2010. 03)

한국외국어교육학회 인증획득 (2009. 12)

한국음성학회 인증획득 (2009. 12)

한국응용언어학회 인증획득 (2009. 11)

팬코리아영어교육학회 인증획득 (2009. 10)

Actual Test 1

Section I

Listening and Speaking

Part **A** *Listen and Recognize*

5 Questions

Part **B** *Listen and Respond*

5 Questions

Part **C** *Listen and Retell*

15 Questions

Part **D** *Listen and Speak*

5 Questions

Directions: You will hear English sentences. The sentences will be spoken TWICE. Listen carefully and choose the most suitable picture.

지시사항 1번에서 5번까지는 영어문장을 듣고, 들은 내용과 가장 관련 있는 그림을 고르는 문제입니다. 영어문장은 **두 번** 들려줍니다.

1.

(A)   (B)   (C)   (D)

2.

(A)   (B)   (C)   (D)

3.

  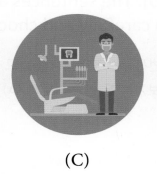 

(A)   (B)   (C)   (D)

4.

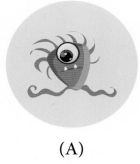   

(A)   (B)   (C)   (D)

5.

(A)   (B)   (C)   (D)

Directions: You will hear English sentences and answer choices (A), (B), (C), and (D). The sentences and the choices will be spoken TWICE. Listen carefully and choose the most suitable answer.

지시사항 6번부터 10번까지는 영어문장을 듣고, 들은 말에 대한 가장 알맞은 대답을 고르는 문제입니다. 영어질문과 보기는 **두 번** 들려주며 (A), (B), (C), (D) 중에서 하나를 고르세요. 🎧

6. Mark your answer on your answer sheet.

7. Mark your answer on your answer sheet.

8. Mark your answer on your answer sheet.

9. Mark your answer on your answer sheet.

10. Mark your answer on your answer sheet.

PART C   Listen and Retell

Directions: You will hear short talks or conversations. They will be spoken TWICE. Listen carefully, read each question and choose the best answer.

지시사항   11번부터 25번까지는 짧은 대화나 이야기를 **두 번** 듣고, 주어진 질문에 가장 알맞은 답을 고르는 문제입니다.

11. What is in the box?

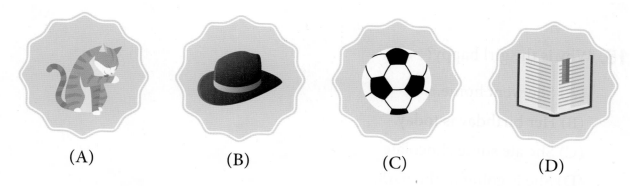

(A)   (B)   (C)   (D)

12. What will they do now?

(A)   (B)   (C)   (D)

13. What time is Tom's birthday party?

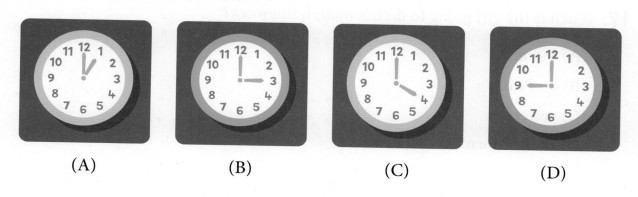

(A)   (B)   (C)   (D)

14. Where is the girl going after school?

(A) to home

(B) to the store

(C) to the hospital

(D) to her grandparents' house

15. Why is the girl happy?

(A) She went home.

(B) Her birthday is today.

(C) She ate some chocolate.

(D) She is going to the park.

16. Where will they go?

(A) home

(B) school

(C) the store

(D) the library

17. When is the girl going to do the math homework?

(A) tonight

(B) on Friday

(C) yesterday

(D) in the morning

[18-19]

18. Which candy does the girl NOT like?

(A) lollipops

(B) jelly beans

(C) bubble gum

(D) gummy bears

19. What flavor does the girl like the most?

(A) sour apple

(B) strawberry

(C) watermelon

(D) cotton candy

[20-21]

20. What do they enjoy playing?

(A) jogging

(B) skating

(C) jumping

(D) playing catch

21. Where do they play?

(A) at school

(B) in the zoo

(C) at the park

(D) in the library

[22-23]

22. What is this announcement about?

(A) a zoo

(B) a book

(C) a pool

(D) a movie

23. When is the dolphin show?

(A) at 8:00

(B) at noon

(C) at 4:00

(D) at night

[24-25]

24. What are they making?

(A) cakes

(B) candies

(C) cookies

(D) ice cream

25. How do the cookies taste?

(A) hot

(B) sour

(C) salty

(D) sweet

Directions: You will hear conversations in English. They will be spoken TWICE. After you listen to the conversations, read each question and choose the best response to what the last speaker says.

지시사항   26번부터 30번까지는 대화를 영어로 **두 번** 듣고, 대화의 마지막 질문이나 마지막 말 뒤에 이어질 가장 알맞은 응답을 주어진 질문에 맞게 고르는 문제입니다.

26. What's next?

    (A) It's very easy.

    (B) Okay, thank you.

    (C) I will have to get it today.

    (D) Oh, we like the same color.

27. What's next?

    (A) Yes, I am.

    (B) This is a pen.

    (C) No, it's next week.

    (D) Yes, she is very kind.

28. What's next?

    (A) Great!

    (B) On the desk.

    (C) I have only one.

    (D) No, thank you.

29. What's next?

    (A) I have three.

    (B) It's my backpack.

    (C) What is your name?

    (D) It is in the other room.

30. What's next?

    (A) No, it's not okay.

    (B) I will paint it blue.

    (C) Please open the door.

    (D) Sorry, it was a mistake.

Reading and Writing

Part **A** *Sentence Completion*
5 Questions

Part **B** *Situational Writing*
5 Questions

Part **C** *Practical Reading and Retelling*
10 Questions

Part **D** *General Reading and Retelling*
10 Questions

Directions: You will see conversations with blanks. Read carefully and choose the one which best completes the blanks.

지시사항 1번에서 5번까지는 빈칸을 알맞게 채워 대화를 완성하는 문제입니다. 가장 알맞은 답을 고르세요.

1. A: Do you know who has my pen?

B: Kate _____ it.

(A) is

(B) do

(C) has

(D) have

2. A: What color are the lemons?

B: They _____ yellow.

(A) is

(B) be

(C) am

(D) are

3. A: _____ are you?

B: I am 10 years old.

(A) What

(B) Where

(C) How old

(D) How often

4. A: What is Mary doing?

B: She is _____ to Kim.

(A) talk

(B) talks

(C) talked

(D) talking

5. A: Does Peter work at the post office?

B: _____.

(A) Yes, he is

(B) Yes, he do

(C) Yes, he does

(D) Yes, he doesn't

PART **B** Situational Writing

Directions: You will see pictures and incomplete sentences. Choose the one which best completes the sentences.

지시사항 6번부터 10번까지는 그림을 보고 문장을 완성하는 문제입니다. 가장 알맞은 답을 고르세요.

6.

Sam and Todd _____ each other.

(A) like

(B) love

(C) hate

(D) sing

7.

There are _____ swimming in the tank.

(A) two red fish

(B) three green fish

(C) one red starfish

(D) three red octopuses

8.

The boy is washing his hands in the

_____.

(A) school

(B) kitchen

(C) bedroom

(D) bathroom

9.

A girl is standing _____ of the house.

(A) inside

(B) on top

(C) in front

(D) on the back

10.

My dad and I _____.

(A) walked to school

(B) played video games

(C) cleaned the windows

(D) ate hamburger and chips

Directions: You will see practical reading materials. Each reading material is followed by questions about it. Choose the best answer to each question.

지시사항 11번부터 20번까지는 실용적 읽기자료에 관련된 문제입니다. 각 읽기자료 다음에는 질문이 제시됩니다. 각 질문에 해당하는 가장 알맞은 답을 고르세요.

For questions 11 – 12, refer to the following menu.

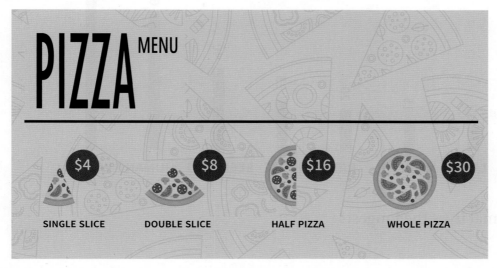

11. Sue is at the pizza store. She has 6 dollars. Which size can she get?

(A) a single slice

(B) a double slice

(C) a half pizza

(D) a whole pizza

12. How many sizes do they have?

(A) 4

(B) 8

(C) 16

(D) 30

For questions 13 – 14, refer to the following graph.

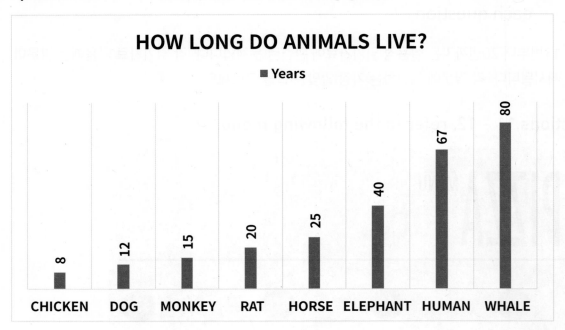

HOW LONG DO ANIMALS LIVE?

■ Years

CHICKEN	DOG	MONKEY	RAT	HORSE	ELEPHANT	HUMAN	WHALE
8	12	15	20	25	40	67	80

13. Which animal lives the longest?

(A) dog

(B) horse

(C) whale

(D) monkey

14. Which animal lives shorter than 20 years?

(A) horse

(B) human

(C) monkey

(D) elephant

For questions 15 – 16, refer to the following schedule.

Ann's Summer Camp Schedule					
Time	Monday	Tuesday	Wednesday	Thursday	Friday
9:00-10:00	Games	Games	Games	Games	Games
10:00-11:00	Team Activity	Dance Class	Team Activity	Dance Class	Team Activity
11:00-12:00	Swimming	Basketball	Swimming	Basketball	Swimming
12:00-13:00	Lunch				
13:00-13:30	Free Time	Free Time	Free Time	Free Time	Free Time
13:30-15:00	Arts & Crafts	Theater	Arts & Crafts	Theater	Arts & Crafts
15:00-16:00	Outdoor Activities	Outdoor Activities	Outdoor Activities	Outdoor Activities	Outdoor Activities

15. What time does the camp start every day?

(A) 9:00

(B) 12:00

(C) 13:30

(D) 16:00

16. How many times does Ann play basketball in a week?

(A) once

(B) twice

(C) three times

(D) four times

For questions 17 – 18, refer to the following picture.

17. What is the tallest building?

    (A) the bank

    (B) the toy store

    (C) the book store

    (D) the coffee shop

18. Which store is next to the book store?

    (A) the bank

    (B) the toy store

    (C) the coffee shop

    (D) the supermarket

For questions 19 – 20, refer to the following picture.

19. Where can you see the movie?

(A) in a jungle

(B) at a theater

(C) at a clubhouse

(D) by presentation

20. How many people can go into the theater with one ticket?

(A) one person

(B) two people

(C) three people

(D) four people

Directions: You will see various reading materials. Each reading material is followed by questions about it. Choose the best answer to each question.

지시사항 21번부터 30번까지는 다양한 읽기 자료에 관련된 문제입니다. 각 읽기 자료 다음에는 질문이 제시됩니다. 각 질문에 해당하는 가장 알맞은 답을 고르세요.

For questions 21 – 22, refer to the following passage.

Harry was running on the playground and fell. He hurt his leg very badly, so he rode in an ambulance to the hospital. The doctors were very kind. They fixed his leg and gave him some candy. Harry will go back to the hospital in two weeks. Hopefully, his leg will be all right soon.

21. Where was Harry when he hurt his leg?

(A) at home

(B) at school

(C) at the office

(D) at the playground

22. When will Harry go back to the hospital?

(A) tomorrow

(B) next week

(C) in two weeks

(D) next month

For questions 23 – 24, refer to the following passage.

Larry, Greg, and Mike want to start a band. Larry plays the guitar, Greg plays the piano, and Mike plays the drums. They are looking for a singer. They need someone with a good voice and good looks. They think a girl would be best. They will ask all of their friends tomorrow to help them find someone good.

23. Which is not in the boys' band right now?

(A) singer

(B) pianist

(C) guitarist

(D) drummer

24. What kind of singer are the boys NOT looking for?

(A) a boy

(B) a girl

(C) someone who sings well

(D) someone with good fashion

For questions 25 – 26, refer to the following passage.

A monkey found some peanuts in a bottle. He put his hand inside and grabbed the peanuts. However, he could not pull out his hand. The peanuts made his hand too big. He would not let go of the peanuts. Instead, he walked around everywhere with the bottle and asked for help. His friends laughed and did not help him.

25. Where did monkey find the peanuts?

    (A) in a bag

    (B) in a bottle

    (C) under a tree

    (D) behind the couch

26. Why did monkey's friends laugh at him?

    (A) His hair had many knots in it.

    (B) He told them a very funny joke.

    (C) He would not take his hand out of the bottle.

    (D) He got in trouble by the teacher during class.

For questions 27 – 28, refer to the following passage.

> You should exercise every day, like studying in school. Children need 60 minutes of exercise every day. Adults need 150 minutes of exercise every week. You should try to do many types of exercise. You can do sports with your friends for extra fun.

27. How much exercise do children need?

(A) 60 minutes a day

(B) 60 minutes a week

(C) 150 minutes a day

(D) 150 minutes a week

28. Which sentence is true?

(A) Exercise is best when you do it alone.

(B) Adults need more exercise than children.

(C) Exercising is more important than studying.

(D) It is best to do a lot of different types of exercises.

For questions 29 – 30, refer to the following passage.

> Painting is older than writing. People have found paintings that are 32,000 years old. People did not know how to write, so they made paintings. They show the people's lives when working, playing, and sleeping. Most of these paintings are gone, but people still find them. They help us know how people used to live.

29. In the past, why did people paint and not write?

(A) They did not know how to write.

(B) They thought writing was boring.

(C) Their parents did not want them to.

(D) They thought writing was more beautiful.

30. According to the passage, what is NOT in the old cave painting?

(A) people playing

(B) people sleeping

(C) people working

(D) people in school

심화문제 유형 및 만점 전략 ①

① 짚고 넘어가기

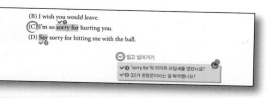

> (B) I wish you would leave.
> (C) I'm so sorry for hurting you.
> (D) Say sorry for hitting me with the ball.
>
> ✅ 짚고 넘어가기
> ✅① 'sorry for'의 의미와 쓰임새를 알았나요?
> ✅② (D)가 명령문이라는 걸 파악했나요?

"문항을 정확하게 이해했는지 스스로 점검하세요."
정답에 실마리가 되는 핵심 어휘와 표현 및 문장 구조, 정답을 도출해내는 데 결정적 증거가 되는 내용과 논리 등을 제대로 파악했는지 질문을 통하여 능동적으로 확인하도록 합니다.

② 왜 틀렸을까?

> ❓ 왜 틀렸을까?
> 과반수가 넘는 학생들이 (A)를 답으로 골랐습니다. 아마 질문을 '학교까지 달려가는데 얼마나 걸려?'라고 생각했나 봅니다. 하지만 이는 정확하지 않은 관찰입니다. 이 문장은 'it _____ to go to school.'을 How long 의문문으로 만든 것입니다. 가짜 주어 it이 주어의 자리를 차지하고 진짜 주어 'to go to school'(학교를 가는 것)이 뒤에 나온 것이지요. 따라서 동사의 자리인 빈칸에 알맞은 것은 '~만큼의 시간이 걸리다'라는 뜻을 가진 (D) 'take' 밖에 없습니다.
> 그렇다면 '학교까지 달려가는데 얼마나 걸려?'는 정확히 영어로 어떻게 말할 수 있을까요? 'How long does it take to run to school?' 이겠지요.

"오답 원리를 확실하게 파악하세요."
실제 정답률 분석을 통하여 다수의 수험자가 오답을 고르게 된 핵심 원인을 설명하고, 이에 따른 올바른 문제 접근 방식을 제공합니다. 수험자들은 오답 원리를 공부하며 자신의 문제 풀이를 점검하고 더욱더 수준 높은 문제 접근 원리를 터득합니다.

③ 이렇게 공부하세요!

> ❗ 이렇게 공부하세요!
> 영어 문장이 헷갈릴 때는 늘 먼저 주어와 주어의 동사를 찾아보세요. A가 말한 문장의 주어는 'it'이 될 테고 동사는 빈칸이 될 겁니다. 그렇다면 'it'은 무엇을 가리킬까요? '그것'일까요? 그러면 '그것'은 무엇인가요? 이런 식으로 추론을 하다 보면 'it'이 실체가 없는 가짜 주어라는 걸 깨닫게 되고 비로소 문장 구조를 이해하게 될 것입니다.

"영어 학습 방향을 바르게 잡으세요."
문항과 관련하여 좀 더 고차원적이고 심도 있는 영어 학습 방향을 제시합니다.

④ 알짜 노트

> 미안하다고
>
> 📝 알짜 노트
> 'sorry'는 '미안한' 감정을 나타내기도 하지만 '안타까운' 감정을 표현하기도 합니다.
> I'm so sorry your brother got sick. (네 남동생이 아프다니 안쓰럽다.)

"추가 정보와 함께 심화 학습을 완성하세요."
문항과 관련하여 별도의 학습 내용을 제공합니다.

9. G: Oh! I forgot to bring pencils today.

B: _____

(A) Yes, it was.

(B) No, I can't go.

(C) You can borrow mine.

(D) It was on the back of my book.

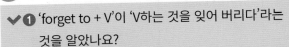

✅ **짚고 넘어가기**

✔❶ 'forget to + V'이 'V하는 것을 잊어 버리다'라는 것을 알았나요?

✔❷ 소녀가 현재 연필이 없다는 점을 파악했나요?

✔❸ (C)가 소녀의 상황에 대한 적절한 해결책이라는 걸 파악했나요?

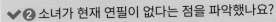

❓ **왜 틀렸을까?**

소녀가 오늘 연필을 잊고 놓고 와서 지금 연필이 없는 곤란한 상황임을 파악해야만 정답을 맞힐 수 있는 문제입니다.
만일 'forgot' (잊어버렸다)이라는 단어만 알아들었다면 '소녀가 연필을 어디에다 두었는지 잊어버렸나?'하고 (D)를 고를지도 모릅니다. 실제로 적지 않은 수의 학생들이 (D)를 골랐답니다.

B: Is this jacket yours?

G: No, it's not.

B: This is mine. Where's yours?

정답률 75.49%

29. What's next?

(A) I have three.

(B) It's my backpack.

(C) What is your name?

(D) It is in the other room.

✅ 짚고 넘어가기

✔❶ 대화에서 'yours'와 'mine'이 무엇을 가리키는지 정확히 파악했나요?

✔❷ (B)가 답이 될 수 없는 이유를 파악했나요?

❓ 왜 틀렸을까?

소녀의 재킷이 어디 있는지 ('Where') 물었으므로 재킷이 있는 곳을 말한 답을 골라야겠지요? 그런데 적지 않은 학생들이 (B)를 답으로 골랐습니다. 아마도 재킷을 가방에 넣은 기억이 떠올랐나 봅니다. 하지만 (B)가 정답이 되기 위해선 전치사 'in'을 넣은 'It's in my backpack.' (그건 내 가방 안에 있어.)이 되어야 합니다. 여기서 'it'은 바로 소녀의 재킷을 가리킨다는 걸 유념하기 바랍니다.

Larry, Greg, and Mike want to start a band. Larry plays the guitar, Greg plays the piano, and Mike plays the drums. They are looking for a singer. They need someone with  a good voice and good looks. They think a girl would be best. They will ask all of their friends tomorrow to help them find someone good.

정답률 33.84%

24. What kind of singer are the boys NOT looking for?

(A) a boy
(B) a girl
(C) someone who sings well
(D) someone with good fashion

✓ 짚고 넘어가기

✓❶ 'good looks'와 'good fashion'의 연관성을 이해했나요?
✓❷ 'a good voice'와 'who sings well'의 연관성을 이해했나요?

? 왜 틀렸을까?

소년들이 찾고 있는 가수의 조건을 본문에 나와 있는 대로 선택지와 비교해가며 지워나가면 될 것 같은데 호락호락하지 않습니다. 바로 본문에 나와 있는 표현이 선택지에 그대로 옮겨진 것이 아니기 때문입니다. 정답은 본문에 언급되지 않은 (A) 'a boy' (소년) 이었지만, 많은 학생이 (D) 'someone with good fashion' (스타일이 좋은 사람)을 골랐습니다. 그렇다면 (D)를 나타내는 부분은 본문의 어디에 있을까요? 바로 'someone with good looks' (겉모습이 멋진 사람)에 있습니다. 스타일이 좋다면 겉보기도 멋지겠죠? 안타깝게도 많은 학생이 'looks'와 'fashion'의 밀접한 연관성을 놓친 모양입니다.

! 이렇게 공부하세요!

우리가 늘 똑같은 말을 반복하면 지루한 것처럼, 영어에서도 비슷한 생각과 대상 등을 다른 말로 표현합니다. 영어 읽기를 할 때 이런 부분을 한 번 찾으려고 노력해보세요. 해당 문제에서는 'someone with a good voice' (좋은 소리를 가진 사람)을 'someone who sings well' (노래를 잘 하는 사람)이라고 표현했네요.

You should exercise every day, like studying in school. Children need 60 minutes of exercise every day. Adults need 150 minutes of exercise every week. You should try to do many types of exercise. You can do sports with your friends for extra fun.

정답률 33.69%

28. Which sentence is true?

(A) Exercise is best when you do it alone.

(B) Adults need more exercise than children.

(C) Exercising is more important than studying.

(D) It is best to do a lot of different types of exercises.

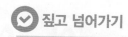 짚고 넘어가기

✔❶ 아이들의 하루 운동시간을 일주일로 계산해 보았나요?

❓ 왜 틀렸을까?

정답은 본문의 'You should try to do many types of exercise.'를 비슷한 말로 바꾼 (D)였지만 많은 학생이 (B)를 골랐습니다. 얼핏 보면 어른의 운동 시간이 150분으로 아이들의 60분보다 많아 보이지만 비교를 하려면 서로의 기준을 똑같이 맞춰야 합니다. 어른의 경우 일주일 ('every week')을 기준으로 두었지만 아이의 경우 하루 ('every day')를 기준으로 두었습니다. 따라서 정확한 비교를 위해서 기준을 일주일로 맞추면 아이들의 운동 시간은 일주일에 420분이 되므로 (B)는 오답이 됩니다.

Actual Test ②

음원 QR 코드

Listening and Speaking

Part **A** *Listen and Recognize*

5 Questions

Part **B** *Listen and Respond*

5 Questions

Part **C** *Listen and Retell*

15 Questions

Part **D** *Listen and Speak*

5 Questions

Directions: You will hear English sentences. The sentences will be spoken TWICE. Listen carefully and choose the most suitable picture.

지시사항 1번에서 5번까지는 영어문장을 듣고, 들은 내용과 가장 관련 있는 그림을 고르는 문제입니다. 영어문장은 **두 번** 들려줍니다.

1.

(A)   (B)   (C)   (D)

2.

(A)   (B)   (C)   (D)

3.

(A) (B) (C) (D)

4.

(A) (B) (C) (D)

5.

(A) (B) (C) (D)

PART **B**   Listen and Respond

Directions: You will hear English sentences and answer choices (A), (B), (C), and (D). The sentences and the choices will be spoken TWICE. Listen carefully and choose the most suitable answer.

지시사항   6번부터 10번까지는 영어문장을 듣고, 들은 말에 대한 가장 알맞은 대답을 고르는 문제입니다. 영어질문과 보기는 **두 번** 들려주며 (A), (B), (C), (D) 중에서 하나를 고르세요. 🎧 B

6. Mark your answer on your answer sheet.

7. Mark your answer on your answer sheet.

8. Mark your answer on your answer sheet.

9. Mark your answer on your answer sheet.

10. Mark your answer on your answer sheet.

PART C Listen and Retell

Directions: You will hear short talks or conversations. They will be spoken TWICE. Listen carefully, read each question and choose the best answer.

지시사항 11번부터 25번까지는 짧은 대화나 이야기를 **두 번** 듣고, 주어진 질문에 가장 알맞은 답을 고르는 문제입니다.

11. Where is the man's hat?

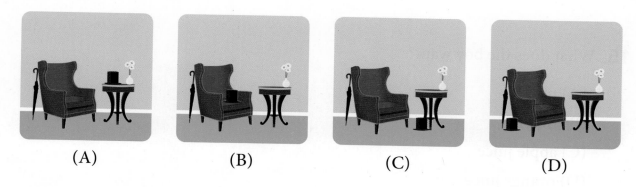

(A)   (B)   (C)   (D)

12. Which is the girl's family?

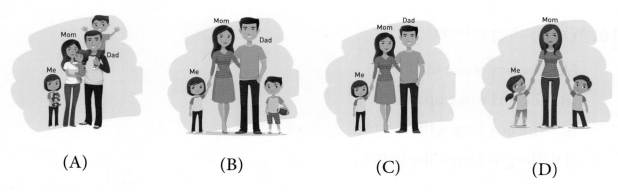

(A)   (B)   (C)   (D)

13. Which crayon is 25 cents?

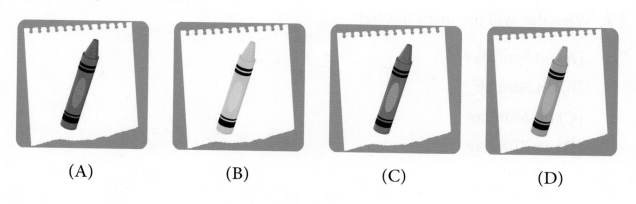

(A)   (B)   (C)   (D)

14. What should the girl wear to school tomorrow?

(A) shorts

(B) sunblock

(C) snow boots

(D) swimming suit

15. What does the boy want?

(A) milk

(B) water

(C) apple juice

(D) orange juice

16. What is the problem?

(A) The boy woke up late.

(B) The girl woke up late.

(C) The boy forgot the ticket.

(D) The girl forgot the ticket.

17. What day will the math test be?

(A) on Saturday

(B) on Sunday

(C) on Monday

(D) on Tuesday

[18-19]

18. Where was Jason when he saw Tom?

    (A) at the school fountain

    (B) in the swimming pool

    (C) on the edge of a slope

    (D) on the edge of a fountain

19. How did Jason feel after he fell?

    (A) He was tired.

    (B) He was excited.

    (C) He was interested.

    (D) He was embarrassed.

[20-21]

20. How was the weather?

    (A) It was hot.

    (B) It was cold.

    (C) It was snowy.

    (D) It was humid.

21. What did the speaker NOT mention to have worn in Russia?

    (A) a scarf

    (B) a mask

    (C) gloves

    (D) two coats

[22-23]

22. What does Sophie's mom do?

    (A) She is a pilot.

    (B) She is an author.

    (C) She is a student.

    (D) She is a teacher.

23. What is NOT true about Sophie?

    (A) She likes English.

    (B) She wants to be a pilot.

    (C) She wants to be a teacher.

    (D) She can read English books.

[24-25]

24. How often does Ryan play soccer?

    (A) everyday

    (B) once a week

    (C) twice a week

    (D) twice a month

25. When will Galactico play with another soccer team?

    (A) tomorrow

    (B) next week

    (C) next month

    (D) next year

Directions: You will hear conversations in English. They will be spoken TWICE. After you listen to the conversations, read each question and choose the best response to what the last speaker says.

지시사항 26번부터 30번까지는 대화를 영어로 **두 번** 듣고, 대화의 마지막 질문이나 마지막 말 뒤에 이어질 가장 알맞은 응답을 주어진 질문에 맞게 고르는 문제입니다. 🎧 D

26. What's next?

(A) I'm very sad.

(B) Sure. I like it.

(C) I'm in class 3.

(D) I love going to school.

27. What's next?

(A) I can buy them.

(B) I won't do it. Sorry.

(C) It's a gift for my mom.

(D) Right. You can wear it.

28. What's next?

    (A) You can call him.

    (B) I want to go to the zoo.

    (C) Tigers are my favorite.

    (D) No, I will not talk to him.

29. What's next?

    (A) I am not going.

    (B) What's the big deal?

    (C) How about next Friday?

    (D) I want to visit your house.

30. What's next?

    (A) Sounds great.

    (B) They have nice pizza.

    (C) It's next to the hospital.

    (D) Sorry, I'm too busy.

Section II

Reading and Writing

Part **A** *Sentence Completion*
5 Questions

Part **B** *Situational Writing*
5 Questions

Part **C** *Practical Reading and Retelling*
10 Questions

Part **D** *General Reading and Retelling*
10 Questions

Directions: You will see conversations with blanks. Read carefully and choose the one which best completes the blanks.

지시사항 1번에서 5번까지는 빈칸을 알맞게 채워 대화를 완성하는 문제입니다. 가장 알맞은 답을 고르세요.

1. A: What do you do _____ the
   morning?
   B: I take my dog for a walk.
   (A) at
   (B) on
   (C) in
   (D) under

2. A: Can I borrow your book?
   B: Sorry, you can't. _____ don't
   you go to the library?

   (A) Why
   (B) How
   (C) Can
   (D) What

3. A: What does he like the _____?
   B: Roller coasters, I think.

   (A) more
   (B) most
   (C) many
   (D) much

4. A: What will you do ____ vacation?
   B: I will visit my grandparents.

   (A) at
   (B) to
   (C) while
   (D) during

5. A: How long _____ it take to go to
   school?
   B: About 30 minutes.

   (A) do
   (B) am
   (C) does
   (D) doing

Directions: You will see pictures and incomplete sentences. Choose the one which best completes the sentences.

지시사항 6번부터 10번까지는 그림을 보고 문장을 완성하는 문제입니다. 가장 알맞은 답을 고르세요.

6.

The trumpet is _____.

(A) as big as the cello

(B) less than the cello

(C) bigger than the cello

(D) smaller than the cello

7.

The man _____.

(A) is buying a camera

(B) is selling a camera

(C) is taking a picture of himself

(D) is taking a picture of a couple

8.

The children are _____.

   (A) throwing books

   (B) drawing on the board

   (C) cleaning the classroom

   (D) decorating the classroom

9.

The people are _____.

   (A) having a party

   (B) eating in a cafe

   (C) working in an office

   (D) travelling around the world

10.

After school, I will _____ with my mom.

   (A) bake a cake

   (B) play soccer

   (C) go shopping

   (D) clean the house

Directions: You will see practical reading materials. Each reading material is followed by questions about it. Choose the best answer to each question.

For questions 11 – 12, refer to the following menu.

Golden Mama's Snack Bar

Fried Shrimp	2 dollars
Noodles	2 dollars
Pork Cutlet	5 dollars
Dumplings	3 dollars
Fish Cake	1 dollar

* Noodles and fried shrimp combo for 3 dollars
* Cola is free

11. How much are a fish cake and a cola?

    (A) 1 dollar

    (B) 2 dollars

    (C) 3 dollars

    (D) 4 dollars

12. What can you buy with 3 dollars?

    (A) a pork cutlet

    (B) noodles and fried shrimp

    (C) dumplings and a fish cake

    (D) fried shrimp and dumplings

For questions 13 – 14, refer to the following information.

Ski Camp for elementary school students

Students should bring:
- goggles
- gloves
- warm clothes
- a scart

What we give the children:
- skis
- ski boots
- ski poles

13. What should the students bring?

(A) skis

(B) poles

(C) gloves

(D) ski boots

14. Who is this camp for?

(A) high school students

(B) middle school students

(C) elementary school teachers

(D) elementary school students

For questions 15 – 16, refer to the following information.

New Book Coming Soon!

Bestselling author Joe Bokono is coming out with a new book — a follow-up to his 2013 best seller Wolf Couple. It is titled Stone Man.

If you buy the book you also get:
- a bookmakr with a picture of Bokono
- Bokono's autograph on the front
- a notebook with quotes from the book

* This event lasts until January 3rd.

15. What is NOT true about *Stone Man*?

(A) Joe Bokono wrote it.

(B) It was published in 2013.

(C) It has a notebook with quotes.

(D) You can get a bookmark with it.

16. What is *Wolf Couple*?

(A) a new book by Bokono

(B) a book published on January 1st

(C) a book with a notebook for quotes

(D) a book released before *Stone Man*

For questions 17 – 18, refer to the following graph.

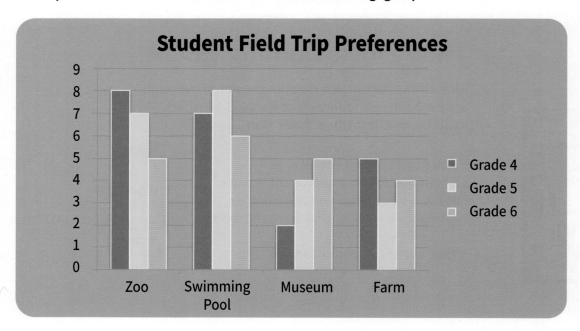

17. Which place did the most students choose?

(A) zoo

(B) farm

(C) museum

(D) swimming pool

18. How many students prefer the museum?

(A) 9

(B) 10

(C) 11

(D) 12

For questions 19 – 20, refer to the following information.

Jonathan's Birthday Party

Jonathan is celebrationg his 12th birthday at his house!
Please come and celebrate with him.

Place : 20 Royal Street
Time : 3PM
Date : November 2nd

* Bring an apple to make a candy apple!

19. When is Jonathan having a party?

(A) November 2nd 2PM

(B) November 2nd 3PM

(C) November 12th 2PM

(D) November 12th 3PM

20. What should people bring to the birthday party?

(A) an apple

(B) a present

(C) some food

(D) a birthday card

Directions: You will see various reading materials. Each reading material is followed by questions about it. Choose the best answer to each question.

21번부터 30번까지는 다양한 읽기 자료에 관련된 문제입니다. 각 읽기 자료 다음에는 질문이 제시됩니다. 각 질문에 해당하는 가장 알맞은 답을 고르세요.

For questions 21 – 22, refer to the following passage.

Susan was playing basketball in class. Suddenly, the ball Joan threw came at her face. She got hit by the ball and fell down. Everyone went over to her to see if she was okay. Susan quickly got up and told her classmates that she was all right. Joan apologized to her after class.

21. Why did Susan fall down?

(A) Joan punched her.

(B) She was hit by a ball.

(C) Everyone pushed her.

(D) She tripped by herself.

22. What would Joan likely say to Susan?

(A) Give me my ball back.

(B) I wish you would leave.

(C) I'm so sorry for hurting you.

(D) Say sorry for hitting me with the ball.

For questions 23 – 24, refer to the following passage.

Jessie went to the supermarket to buy things that her mom asked for. Her mother gave her 10 dollars to buy everything. She wants to buy 2 carrots, 5 eggs, and a cucumber. But the sign says a carrot is 2 dollars, an egg is a dollar, and a cucumber is 4 dollars.

23. How much does she need to buy everything she wants?

(A) 11 dollars

(B) 12 dollars

(C) 13 dollars

(D) 14 dollars

24. What one item must she delete from the list?

(A) an egg

(B) a carrot

(C) two eggs

(D) a cucumber

For questions 25 – 26, refer to the following passage.

Are your children watching too much TV? Do they cry when you turn off the TV? Join ByeTV now to solve the problem! We block the TV, and it cannot be turned on until the time you set. With ByeTV, you don't have to argue with your children anymore.

25. What does ByeTV do?

    (A) block the TV

    (B) turn on the TV

    (C) argue with children

    (D) make children watch TV

26. What kind of passage is this?

    (A) a letter

    (B) a manual

    (C) a news article

    (D) an advertisement

For questions 27 – 28, refer to the following passage.

Next Monday is my cousin's wedding. I went to the mall to buy a nice dress for the wedding. I wanted a green dress and found the perfect one at a dress shop. I asked the clerk for the right size. However, she said the green dress was sold out. She only had a blue dress in my size. So, I had to buy the blue dress instead.

27. Which dress did the girl buy?

(A) a green dress

(B) a blue dress

(C) a long dress

(D) a short dress

28. Why did the girl go to the mall?

(A) to buy a dress

(B) to talk to the clerk

(C) to go to a wedding

(D) to meet her cousin

For questions 29 – 30, refer to the following passage.

> Mr. Leigh travels all over the world. Last summer he went on a trip to Europe. He visited London, Paris, and Amsterdam. He liked London the most because all the Londoners he met were really kind. He is going to go to Russia this winter. Although he is afraid of cold weather, he cannot wait to take the Siberian Express Railroad. He will be there for three months.

29. Where did Mr. Leigh NOT visit this summer?

(A) Russia

(B) Paris

(C) Amsterdam

(D) London

30. Why did Mr. Leigh like London?

(A) because it was not cold in London

(B) because he took the Siberian Express

(C) because he lived there for three months

(D) because the people in London were kind

심화문제 유형 및 만점 전략 ②

① 짚고 넘어가기

> (B) I wish you would leave.
> (C) I'm so sorry for hurting you.
> (D) Say sorry for hitting me with the ball.
>
> ☑ 짚고 넘어가기
> ✔① 'sorry for'의 의미와 쓰임새를 알았나요?
> ✔②(D)가 명령문이라는 걸 파악했나요?

"문항을 정확하게 이해했는지 스스로 점검하세요."

정답에 실마리가 되는 핵심 어휘와 표현 및 문장 구조, 정답을 도출해내는 데 결정적 증거가 되는 내용과 논리 등을 제대로 파악했는지 질문을 통하여 능동적으로 확인하도록 합니다.

② 왜 틀렸을까?

> ❓ 왜 틀렸을까?
> 과반수가 넘는 학생들이 (A)를 답으로 골랐습니다. 아마 질문을 '학교까지 달려가는데 얼마나 걸려?'라고 생각했나 봅니다. 하지만 이는 정확하지 않은 관찰입니다. 이 문장은 'it ____ to go to school.'를 How long 의문문으로 만든 것입니다. 가짜 주어 it이 주어의 자리를 차지하고 진짜 주어 'to go to school'(학교를 가는 것)이 뒤에 나온 것이지요. 따라서 동사의 자리인 빈칸에 알맞은 것은 '만큼의 시간이 걸리다'라는 뜻을 가진 (D) 'take' 밖에 없습니다.
> 그렇다면 '학교까지 달려가는데 얼마나 걸려?'는 정확히 영어로 어떻게 말할 수 있을까요? 'How long does it take to run to school?' 이겠지요.

"오답 원리를 확실하게 파악하세요."

실제 정답률 분석을 통하여 다수의 수험자가 오답을 고르게 된 핵심 원인을 설명하고, 이에 따른 올바른 문제 접근 방식을 제공합니다. 수험자들은 오답 원리를 공부하며 자신의 문제 풀이를 점검하고 더욱더 수준 높은 문제 접근 원리를 터득합니다.

③ 이렇게 공부하세요!

> ❗ 이렇게 공부하세요!
> 영어 문장이 헷갈릴 때는 늘 먼저 주어와 주어의 동사를 찾아보세요. A가 말한 문장의 주어는 'it'이 될 테고 동사는 빈칸이 될 겁니다. 그렇다면 'it'은 무엇을 가리킬까요? '그것'일까요? 그러면 '그것'은 무엇인가요? 이런 식으로 추론을 하다 보면 'it'이 실체가 없는 가짜 주어라는 걸 깨닫게 되고 비로소 문장 구조를 이해하게 될 것입니다.

"영어 학습 방향을 바르게 잡으세요."

문항과 관련하여 좀 더 고차원적이고 심도 있는 영어 학습 방향을 제시합니다.

④ 알짜 노트

> 미안하다고
>
> 📒 알짜 노트
> 'sorry'는 '미안한' 감정을 나타내기도 하지만 '안타까운' 감정을 표현하기도 합니다.
> I'm so sorry your brother got sick. (네 남동생이 아프다니 안쓰럽다.)

"추가 정보와 함께 심화 학습을 완성하세요."

문항과 관련하여 별도의 학습 내용을 제공합니다.

B: When is our math test?

✔❶ ✔❷

G: Ms. Green said we will have it the day after Sunday.

17. What day will the math test be?

(A) on Saturday

(B) on Sunday

(C) on Monday

(D) on Tuesday

✅ 짚고 넘어가기

✔❶ 'the day after'를 정확히 들었나요?

✔❷ 'the day after'가 '~의 다음 날'이란 것을 알았나요?

❓ 왜 틀렸을까?

절반이 넘는 학생들이 본문에서 그대로 들리는 'Sunday'를 골랐습니다. 하지만 실생활에서 정보는 늘 직접 주어지는 것이 아닙니다. 때로는 들은 내용을 바탕으로 추론을 해야 합니다. 'the day after'는 '~의 다음 날'을 뜻합니다. 일요일의 다음 날은 월요일이라는 사실을 끌어낸 학생들이 정답을 맞혔습니다.

💬 알짜 노트

내일모레는 영어로 무엇일까요? 맞습니다. 내일의 다음날을 뜻하는 'the day after tomorrow'입니다.

 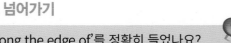

G: Jason was walking along the edge of a water fountain near the Grand Park Gate. He saw his friend Tom from his school coming into the park. When he tried to say hello to Tom, Jason lost his balance. He fell into the water. He got soaking wet! Jason was embarrassed.

정답률 19.76%

18. Where was Jason when he saw Tom?

(A) at the school fountain

(B) in the swimming pool

(C) on the edge of a slope

(D) on the edge of a fountain

✓ 짚고 넘어가기

✔❶ 'along the edge of'를 정확히 들었나요?

✔❷ 'along the edge of'의 뜻을 알았나요?

✔❸ (A)가 답이 될 수 없는 이유를 파악했나요?

? 왜 틀렸을까?

절반이 넘는 학생들이 정답으로 (A)를 골랐습니다. 아마도 'fountain'과 'school'이라는 단어가 나와서 혼란을 겪은 것이겠지요. 하지만 이는 정확한 정보가 아닙니다. 'school'은 Tom이 학교 친구라는 사실을 말하기 위해 나왔고, 분수대는 'near the Grand Park Gate', 'coming into the park'라는 표현을 미루어보아 학교 분수대보다는 공원 분수대인 것을 알 수 있습니다. 많은 학생이 놓친 표현은 아마도 'along the edge of'이겠지요. 'along'은 '~ 따라' 'edge'는 '가장자리, 모서리, 끝'을 뜻하는 단어입니다. 따라서 Jason은 분수대 가장자리를 따라 걸어가다가 학교 친구인 Tom을 보았다고 할 수 있습니다.

5. A: How long does it _____ to go to school?

B: About 30 minutes.

(A) run

(B) use

(C) find

(D) take

✔ 짚고 넘어가기

✔❶ 'take'의 '(~만큼의 시간이) 걸리다'라는 뜻을 알았나요?

✔❷ 해당 의문문의 주어와 동사를 파악했나요?

✔❸ 'it'이 가짜 주어라는 것을 파악했나요?

❓ 왜 틀렸을까?

과반수가 넘는 학생들이 (A)를 답으로 골랐습니다. 아마 질문을 '학교까지 달려가는데 얼마나 걸려?'라고 생각했나 봅니다. 하지만 이는 정확하지 않은 관찰입니다. 이 문장은 'it _____ to go to school.'를 How long 의문문으로 만든 것입니다. 가짜 주어 it이 주어의 자리를 차지하고 진짜 주어 'to go to school' (학교를 가는 것)이 뒤에 나온 것이지요. 따라서 동사의 자리인 빈칸에 알맞은 것은 '~만큼의 시간이 걸리다'라는 뜻을 가진 (D) 'take' 밖에 없습니다.

그렇다면 '학교까지 달려가는데 얼마나 걸려?'는 정확히 영어로 어떻게 말할 수 있을까요? 'How long does it take to run to school?' 이겠지요.

❗ 이렇게 공부하세요!

영어문장이 헷갈릴 때는 늘 먼저 주어와 주어의 동사를 찾아보세요. A가 말한 문장의 주어는 'it'이 될 테고 동사는 빈칸이 될 겁니다. 그렇다면 'it'은 무엇을 가리킬까요? '그것'일까요? 그러면 '그것'은 무엇인가요? 이런 식으로 추론을 하다 보면 'it'이 실체가 없는 가짜 주어라는 걸 깨닫게 되고 비로소 문장 구조를 이해하게 될 것입니다.

Susan was playing basketball in class. Suddenly, the ball Joan threw came at her face. She got hit by the ball and fell down. Everyone went over to her to see if she was okay. Susan quickly got up and told her classmates that she was all right. Joan apologized to her after class.

정답률 47.24%

22. What would Joan likely say to Susan?

(A) Give me my ball back.

(B) I wish you would leave.

(C) I'm so sorry for hurting you.

(D) Say sorry for hitting me with the ball.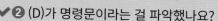

✓ 짚고 넘어가기

✓❶ 'sorry for'의 의미와 쓰임새를 알았나요?

✓❷ (D)가 명령문이라는 걸 파악했나요?

? 왜 틀렸을까?

Joan이 던진 공에 Susan이 맞아서 넘어졌습니다. 당연히 Joan은 Susan에게 다치게 해서 미안하다고 사과를 하겠지요? 따라서 정답은 (C)였습니다. 그런데 상당수의 학생이 답으로 (D)를 골랐습니다. 왜 그랬을까요? 바로 (D)는 얼핏 보면 공으로 다치게 해서 미안하다고 사과하는 문장으로 보이기 때문입니다.

문장 맨 앞의 동사 'say'에 집중하기 바랍니다. 동사가 주어도 없이 문장 앞에 떡하니 나왔다는 건 무슨 의미일까요? 이는 해당 문장이 바로 명령문이라는 걸 말해줍니다. 따라서 (D) 문장은 '공으로 나를 쳐서 미안하다고 말해'라는 뜻의 명령문이 됩니다. 자기가 던진 공에 맞은 사람한테 되려 미안하다고 사과하라니 참으로 엉뚱한 상황이지요? 영어문장을 볼 때 꼼꼼히 보는 습관을 기르기 바랍니다.

" 알짜 노트

'sorry'는 '미안한' 감정을 나타내기도 하지만 '안타까운' 감정을 표현하기도 합니다.
I'm so sorry your brother got sick.
(네 남동생이 아프다니 안쓰럽다.)

Actual Test **3**

음원 QR 코드

Listening and Speaking

Part **A** *Listen and Recognize*

5 Questions

Part **B** *Listen and Respond*

5 Questions

Part **C** *Listen and Retell*

15 Questions

Part **D** *Listen and Speak*

5 Questions

Directions: You will hear English sentences. The sentences will be spoken TWICE. Listen carefully and choose the most suitable picture.

지시사항 1번에서 5번까지는 영어문장을 듣고, 들은 내용과 가장 관련 있는 그림을 고르는 문제입니다. 영어문장은 **두 번** 들려줍니다.

1.

(A)   (B)   (C)   (D)

2.

(A)   (B)   (C)   (D)

3.

(A)

(B)

(C)

(D)

4.

(A)

(B)

(C)

(D)

5.

(A)

(B)

(C)

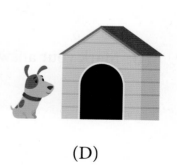

(D)

Directions: You will hear English sentences and answer choices (A), (B), (C), and (D). The sentences and the choices will be spoken TWICE. Listen carefully and choose the most suitable answer.

지시사항 6번부터 10번까지는 영어문장을 듣고, 들은 말에 대한 가장 알맞은 대답을 고르는 문제입니다. 영어질문과 보기는 **두 번** 들려주며 (A), (B), (C), (D) 중에서 하나를 고르세요.

6. Mark your answer on your answer sheet.

7. Mark your answer on your answer sheet.

8. Mark your answer on your answer sheet.

9. Mark your answer on your answer sheet.

10. Mark your answer on your answer sheet.

PART C Listen and Retell

Directions: You will hear short talks or conversations. They will be spoken TWICE. Listen carefully, read each question and choose the best answer.

지시사항 11번부터 25번까지는 짧은 대화나 이야기를 <u>**두 번**</u> 듣고, 주어진 질문에 가장 알맞은 답을 고르는 문제입니다. 🎧

11. Where is the boy going?

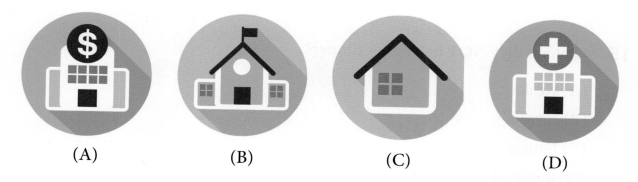

(A)   (B)   (C)   (D)

12. What are they talking about?

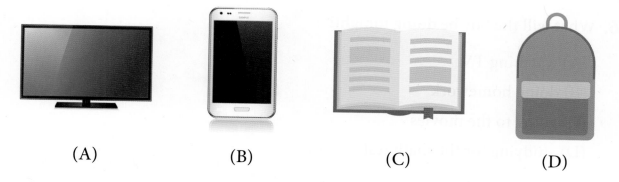

(A)   (B)   (C)   (D)

13. What's the weather like in Brazil in January?

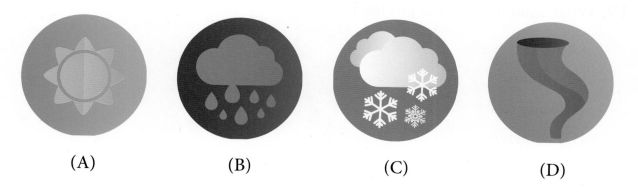

(A)   (B)   (C)   (D)

14. How many crayons are there in a set?

    (A) 2

    (B) 5

    (C) 7

    (D) 10

15. What are they NOT having for dinner?

    (A) steak

    (B) carrots

    (C) lettuce

    (D) potatoes

16. What will the boy be doing tonight?

    (A) watching TV

    (B) doing homework

    (C) going to the movies

    (D) studying for the math test

17. What animal might the girl like?

    (A) tigers

    (B) rabbits

    (C) squirrels

    (D) hamsters

[18-19]

18. What animal does the boy's sister like?

    (A) lions

    (B) belugas

    (C) monkeys

    (D) peacocks

19. Where did they see the beluga show?

    (A) Sea Park

    (B) Sea Dome

    (C) Park Dome

    (D) Safari Dome

[20-21]

20. Where is Stephanie coming from?

    (A) France

    (B) America

    (C) the summer camp

    (D) the speaker's house

21. How did Stephanie and the girl keep in touch?

    (A) sending cards

    (B) writing emails

    (C) talking on the phone

    (D) writing text messages

[22-23]

22. Where does Charlie work?

(A) at home
(B) at a bakery
(C) at a cookie shop
(D) at a coffee shop

23. Who makes the cookies?

(A) Charlie
(B) the boy
(C) boy's friends
(D) the boy's mother

[24-25]

24. What is this announcement about?

(A) Sports Day
(B) a school cafe
(C) School Book Sale
(D) a student study group

25. What does the principal ask the students to do?

(A) study hard
(B) speak aloud
(C) follow the rules
(D) listen to friends

Directions: You will hear conversations in English. They will be spoken TWICE. After you listen to the conversations, read each question and choose the best response to what the last speaker says.

26번부터 30번까지는 대화를 영어로 **두 번** 듣고, 대화의 마지막 질문이나 마지막 말 뒤에 이어질 가장 알맞은 응답을 주어진 질문에 맞게 고르는 문제입니다. 🎧

26. What's next?

(A) Parties are noisy.

(B) No, it was yesterday.

(C) When's your birthday?

(D) Oh, that sounds wonderful.

27. What's next?

(A) Where did you put it?

(B) When did you get it?

(C) How much did you pay?

(D) Why did you think that?

28. What's next?

    (A) I will do that later.

    (B) That would be great.

    (C) It's already seven o'clock.

    (D) I can't turn off the computer.

29. What's next?

    (A) On Thursday.

    (B) Sure, let's go.

    (C) Usually around four.

    (D) It's the day after tomorrow.

30. What's next?

    (A) Let me check.

    (B) Sorry, I can't help you.

    (C) I didn't know she was your cousin.

    (D) Yes, last week was very cold and windy.

Section II

Reading and Writing

Part **A** *Sentence Completion*

5 Questions

Part **B** *Situational Writing*

5 Questions

Part **C** *Practical Reading and Retelling*

10 Questions

Part **D** *General Reading and Retelling*

10 Questions

Directions: You will see conversations with blanks. Read carefully and choose the one which best completes the blanks.

지시사항 1번에서 5번까지는 빈칸을 알맞게 채워 대화를 완성하는 문제입니다. 가장 알맞은 답을 고르세요.

1. A: Do you know the two men over there?

B: _____ my brothers.

(A) It's

(B) You're

(C) They're

(D) There is

2. A: _____ do you play soccer?

B: Once or twice a week.

(A) How old

(B) How long

(C) How often

(D) How about

3. A: Where did you park your car?

B: I parked it at the _____ of the building.

(A) back

(B) next

(C) under

(D) forward

4. A: I _____ my friend Jimmy at the zoo.

B: Really? I thought he was at home.

(A) met

(B) meet

(C) meeted

(D) meeting

5. A: Mom, can I have more cookies?

B: No, _____.

(A) I can

(B) I can't

(C) you can

(D) you can't

Directions: You will see pictures and incomplete sentences. Choose the one which best completes the sentences.

지시사항 6번부터 10번까지는 그림을 보고 문장을 완성하는 문제입니다. 가장 알맞은 답을 고르세요.

6.

The man is _____ the dog.

(A) hitting

(B) petting

(C) washing

(D) walking

7.

The students are sitting _____.

(A) at the chair

(B) on the chair

(C) at the floor

(D) on the floor

8.

The monster has _____.

(A) big ears
(B) large feet
(C) a long nose
(D) five fingers

9.

The children are _____ the bus.

(A) moving on
(B) taking on
(C) getting on
(D) driving on

10.

The detective is _____ some clues.

(A) seeing to
(B) seeing for
(C) looking to
(D) looking for

Directions: You will see practical reading materials. Each reading material is followed by questions about it. Choose the best answer to each question.

지시사항 11번부터 20번까지는 실용적 읽기자료에 관련된 문제입니다. 각 읽기자료 다음에는 질문이 제시됩니다. 각 질문에 해당하는 가장 알맞은 답을 고르세요.

For questions 11 – 12, refer to the following graph.

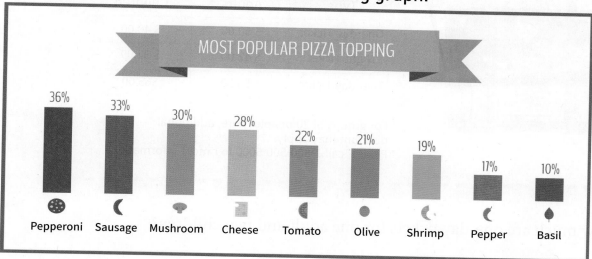

11. What is the most popular topping for pizza?

(A) basil

(B) tomato

(C) pepperoni

(D) mushroom

12. What is the least popular topping for pizza?

(A) basil

(B) tomato

(C) pepperoni

(D) mushroom

For questions 13 – 14, refer to the following information.

LOLLI LAND TICKETS & PRICES

Type	Adults	Children
One-day Ticket	$ 50.00	$ 40.00
Night Ticket	$ 42.00	$ 32.00
Two-day Ticket	$ 80.00	$65.00

* For groups of 20 people more, additional discount may apply.
* Please call 1-800-500-6000 fo r more information.

13. How much are one-day tickets for one adult and two children?

(A) $ 100.00

(B) $ 130.00

(C) $ 142.00

(D) $ 165.00

14. How many people are needed for a group discount?

(A) 5

(B) 10

(C) 15

(D) 20

PART C

For questions 15 – 16, refer to the following schedule.

Jonathan's Daily Routine			
7:00	Getting up	13:00	Music
8:00	Breakfast	15:00	Snack
9:00	Getting dressed	16:00	Playtime
10:00	Reading	17:00	Dinner
11:00	Swimming	19:00	Bath
12:00	Lunch	20:00	Bedtime

15. What does Jonathan do after dinner?

(A) He takes a bath.

(B) He reads books.

(C) He gets dressed.

(D) He listens to music.

16. What does Jonathan NOT do before lunch?

(A) He has breakfast.

(B) He goes swimming.

(C) He puts on a T-shirt.

(D) He plays with toy trains.

For questions 17 – 18, refer to the following information.

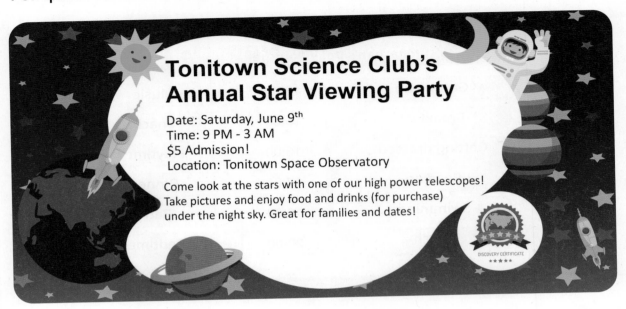

17. How long will the star viewing party last?

    (A) 2 hours

    (B) 3 hours

    (C) 6 hours

    (D) 9 hours

18. What is NOT something mentioned that you can do?

    (A) look at stars

    (B) talk to scientists

    (C) enjoy food and drinks

    (D) spend time with family

For questions 19 – 20, refer to the following map.

19. Which building is to the west of the grocery store?

    (A) the hotel

    (B) the hospital

    (C) the restaurant

    (D) the bookstore

20. Which building is NOT on the map?

    (A) the bakery

    (B) the hospital

    (C) the restaurant

    (D) the bookstore

Directions: You will see various reading materials. Each reading material is followed by questions about it. Choose the best answer to each question.

지시사항 21번부터 30번까지는 다양한 읽기 자료에 관련된 문제입니다. 각 읽기 자료 다음에는 질문이 제시됩니다. 각 질문에 해당하는 가장 알맞은 답을 고르세요.

For questions 21 – 22, refer to the following passage.

I went to the post office today. I went there to send a box to my friend Sophie in Canada. In the box, I put a picture book about my country, China, and a box of mooncakes. Mooncakes are sweet and delicious cakes that Chinese people eat to celebrate the autumn harvest. I hope she likes my present.

21. Where does Sophie live?

(A) China

(B) Korea

(C) Russia

(D) Canada

22. According to the passage, when do Chinese people eat mooncakes?

(A) at birthdays

(B) at Christmas

(C) at New Year's

(D) at the autumn harvest

For questions 23 – 24, refer to the following passage.

Linda usually waits for the bus at a bus stop in front of her apartment building. She waited for the bus there yesterday morning. While she was waiting, she met her classmate, Rick. He said his family just moved to the same apartment building last Sunday. It was very nice to see him. Now she can go to school with him every day.

23. Where did Linda meet Rick yesterday morning?

    (A) at the school

    (B) at the bus stop

    (C) in the classroom

    (D) in the apartment building

24. When did Rick move to his new building?

    (A) yesterday

    (B) on Sunday

    (C) last Saturday

    (D) in the morning

For questions 25 – 26, refer to the following passage.

On November 14th, 1963, a new island was made. An ocean volcano in the south of the country of Iceland first came out of the water. The people named the island "Surtsey". At first, there was nothing on the new island, not even plants! However, after a year and a half, the first plant grew on the island. Now, there are many types of plants, birds, and other animals. The island has been an important place for scientists to study. They have learned many things about how animals and plants come to new islands.

25. What is Surtsey?

(A) a bird

(B) a plant

(C) an island

(D) an ocean

26. Where did Surtsey come from?

(A) It fell from a bird.

(B) A scientist brought it.

(C) It floated from Iceland.

(D) It rose from the bottom of the ocean.

For questions 27 – 28, refer to the following passage.

James is an eleven-year-old boy. James has three cousins: Brandon, Alicia, and Nicole. Brandon is two years older than James. Alicia and Nicole are the same age. They are three years younger than Brandon. When they all get together, they play board games. The oldest cousin plays games very well and always wins.

27. How old are Alicia and Nicole?

(A) Alicia is 9 and Nicole is 10.

(B) Alicia is 10 and Nicole is 9.

(C) Alicia and Nicole are 9 years old.

(D) Alicia and Nicole are 10 years old.

28. Who always wins board games?

(A) James

(B) Alicia

(C) Nicole

(D) Brandon

For questions 29 – 30, refer to the following passage.

The Taj Mahal is a famous building in India. Shah Jahan made it for his wife, Mumtax Mahal in 1631. It is a beautiful building. It shows India's rich history. Many visitors from all around the world go to India to visit the Taj Mahal. About 8 million people visit each year.

29. What is the Taj Mahal?

(A) a popular attraction

(B) a name of a country

(C) a type of Indian culture

(D) a well-known restaurant

30. How many visitors are there each year?

(A) 4 million

(B) 6 million

(C) 8 million

(D) 10 million

심화문제 유형 및 만점 전략 ③

① 짚고 넘어가기

> "문항을 정확하게 이해했는지 스스로 점검하세요."
>
> 정답에 실마리가 되는 핵심 어휘와 표현 및 문장 구조, 정답을 도출해내는 데 결정적 증거가 되는 내용과 논리 등을 제대로 파악했는지 질문을 통하여 능동적으로 확인하도록 합니다.

② 왜 틀렸을까?

> ❓ 왜 틀렸을까?
>
> 과반수가 넘는 학생들이 (A)를 답으로 골랐습니다. 아마 질문을 '학교까지 달려가는데 얼마나 걸려?'라고 생각했나 봅니다. 하지만 이는 정확하지 않은 관찰입니다. 이 문장은 'it _____ to go to school.'를 How long 의문문으로 만든 것입니다. 가짜 주어 it이 주어의 자리를 차지하고 진짜 주어 'to go to school'(학교를 가는 것)이 뒤에 나온 것이지요. 따라서 동사의 자리인 빈칸에 알맞은 것은 '~만큼의 시간이 걸리다'라는 뜻을 가진 (D) 'take' 밖에 없습니다.
> 그렇다면 '학교까지 달려가는데 얼마나 걸려?'는 정확히 영어로 어떻게 말할 수 있을까요? 'How long does it take to run to school?' 이겠지요.

> "오답 원리를 확실하게 파악하세요."
>
> 실제 정답률 분석을 통하여 다수의 수험자가 오답을 고르게 된 핵심 원인을 설명하고, 이에 따른 올바른 문제 접근 방식을 제공합니다. 수험자들은 오답 원리를 공부하며 자신의 문제 풀이를 점검하고 더욱더 수준 높은 문제 접근 원리를 터득합니다.

③ 이렇게 공부하세요!

> ❗ 이렇게 공부하세요!
>
> 영어 문장이 헷갈릴 때는 늘 먼저 주어와 주어의 동사를 찾아보세요. A가 말한 문장의 주어는 'it'이 될 테고 동사는 빈칸이 될 겁니다. 그렇다면 'it'은 무엇을 가리킬까요? '그것'일까요? 그러면 '그것'은 무엇인가요? 이런 식으로 추론을 하다 보면 'it'이 실체가 없는 가짜 주어라는 걸 깨닫게 되고 비로소 문장 구조를 이해하게 될 것입니다.

> "영어 학습 방향을 바르게 잡으세요."
>
> 문항과 관련하여 좀 더 고차원적이고 심도 있는 영어 학습 방향을 제시합니다.

④ 알짜 노트

> "추가 정보와 함께 심화 학습을 완성하세요."
>
> 문항과 관련하여 별도의 학습 내용을 제공합니다.

7. M: What can I do for you?

G: _____

(A) No, I can't.

(B) No, I didn't.

(C) Yes, I can help you.

(D) Can I get some water?
✔②

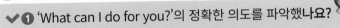
✅ 짚고 넘어가기

✔① 'What can I do for you?'의 정확한 의도를 파악했나요?

✔② 'Can I get some water?'의 의도를 파악했나요?

❓ 왜 틀렸을까?

'What can I do for you?'의 주어는 'I' (나)이니 문장을 그대로 해석하면 '제가 당신을 위해 할 수 있는 게 무엇입니까?'가 됩니다. 이는 우리가 흔히 식당이나 가게를 가면 듣는 '무엇을 도와드릴까요?'와 일맥상통하는 말입니다. 적지 않은 학생들이 이를 파악하지 못해 (C)를 골랐습니다.

G: Jim called me last night.
B: For what? What did he say?
G: He's having a birthday party on Saturday.
　✔❶

정답률 55.29%

26. What's next?

(A) Parties are noisy.

(B) No, it was yesterday.

(C) When's your birthday?

(D) Oh, that sounds wonderful.

✅ 짚고 넘어가기

✔❶ 'He's having a birthday party on Saturday.'가 미래에 일어날 사건을 말하고 있다는 것을 알았나요?

❓ 왜 틀렸을까?

'He is having a birthday party on Saturday.' (그가 토요일에 생일 파티를 연대.)는 미래에 대한 일을 현재진행형을 사용하여 말하고 있습니다. 왜 그럴까요? Jim이 토요일에 생일파티를 연다는 사실이 확실하기 때문에 말하는 시점과 가까운 현재 진행 시제를 쓴 것입니다. 이런 점을 파악하지 못한 적지 않은 수의 학생들이 (B)를 골랐습니다.

3. A: Where did you park your car?

B: I parked it at the _____ of the building. ✔❶

(A) back ✔❶

(B) next

(C) under

(D) forward

✅ 짚고 넘어가기

✔❶ 'at the back of'란 표현을 알았나요?

❓ 왜 틀렸을까?

명사에 앞에 나와서 장소나 시간 등을 나타내는 단어를 전치사라고 합니다. 우리가 알고 있는 'in, on, at' 등이 전치사에 속하지요. 'in front of' (~의 앞에)나 'on top of' (~의 위에) 또는 'next to' (~의 옆에)처럼 여러 단어가 같이 쓰이는 전치사도 있습니다. 'at the back of' (~의 뒤에)도 함께 자주 쓰이는 단어 뭉치입니다. 이를 몰랐다면 답을 고르기 어려웠겠지요. 영어에 이러한 단어 뭉치는 제법 많으니 나올 때마다 꾸준히 정리해서 익히도록 합시다.

The Taj Mahal is a famous building in India. Shah Jahan made it for his wife, Mumtax Mahal in 1631. It is a beautiful building. It shows India's rich history. Many visitors from all around the world go to India to visit the Taj Mahal. About 8 million people visit each year.

정답률 46.54%

29. What is the Taj Mahal?

(A) a popular attraction

(B) a name of a country

(C) a type of Indian culture

(D) a well-known restaurant

 짚고 넘어가기

✔❶ 'attraction'의 뜻을 알았나요?

? 왜 틀렸을까?

글을 읽어보면 Taj Mahal은 유명한 건축물이고 전 세계 많은 사람이 방문하는 곳이라는 사실을 알 수 있습니다. 하지만 이를 설명하는 문구가 선택지에 없는 것처럼 보입니다. 많은 학생이 (C)를 골랐지만 'culture' (문화)는 낱개의 문화유산을 일컫는 말이 아니라 하나의 공동체가 가진 신념이나 행위 등을 총체적으로 아우르는 말입니다. 예를 들어 '젓가락으로 밥을 먹는 행위'는 우리의 문화이지만 박물관에서 볼 수 있는 조선 시대의 젓가락 한 쌍은 문화가 아니라 문화유산인 것이지요. 그렇다면 정답은 무엇일까요? 전 세계 몇백만 명의 사람들이 해마다 방문하는 곳이니 바로 유명한 관광지 ('a popular attraction')이겠지요.

! 이렇게 공부하세요!

'attraction'의 뜻이 '유명한 장소'인 것은 알았지만 이렇게 단순히 넘어가기엔 단어를 기억하기도 쉽지 않고 무언가 부족합니다. 단어를 좀 더 면밀히 살펴볼 필요가 있습니다. 'attraction'에는 동사 'attract' (끌다, 이끌다)가 있습니다. '유명한 장소'가 과연 무엇일까요? 바로 관광객들을 많이 끌어들이는 ('attract') 곳이니 이런 단어가 탄생한 것이겠지요? 만약 사람을 많이 끌어들이는 주체가 사람이라면 그 사람은 정말 멋지고 매력적인 ('attractive') 사람일 겁니다. 이처럼 영어 단어를 통째로 외우지 않고 그 안을 들여다보면 좀 더 영어 단어를 깊게 이해할 수 있습니다.

Actual Test ④

Section I

Listening and Speaking

Part **A** *Listen and Recognize*
10 Questions

Part **B** *Listen and Respond*
15 Questions

Part **C** *Listen and Retell*
5 Questions

Part **D** *Listen and Speak*
5 Questions

Directions: You will hear English sentences. The sentences will be spoken TWICE. Listen carefully and choose the most suitable picture.

지시사항 1번에서 5번까지는 영어문장을 듣고, 들은 내용과 가장 관련 있는 그림을 고르는 문제입니다. 영어문장은 **두 번** 들려줍니다.

1.

(A)　　　　　　(B)　　　　　　(C)　　　　　　(D)

2.

(A)　　　　　　(B)　　　　　　(C)　　　　　　(D)

3.

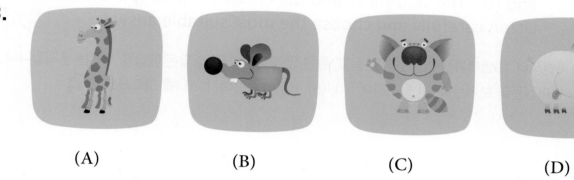

(A) (B) (C) (D)

4.

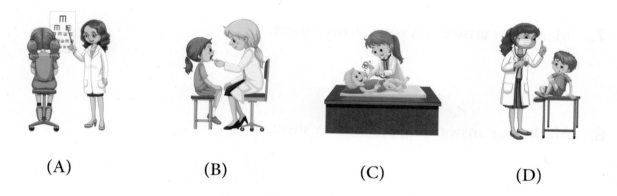

(A) (B) (C) (D)

5.

(A) (B) (C) (D)

PART **B** Listen and Respond

Directions: You will hear English sentences and answer choices (A), (B), (C), and (D). The sentences and the choices will be spoken TWICE. Listen carefully and choose the most suitable answer.

지시사항 6번부터 10번까지는 영어문장을 듣고, 들은 말에 대한 가장 알맞은 대답을 고르는 문제입니다. 영어질문과 보기는 **두 번** 들려주며 (A), (B), (C), (D) 중에서 하나를 고르세요.

6. Mark your answer on your answer sheet.

7. Mark your answer on your answer sheet.

8. Mark your answer on your answer sheet.

9. Mark your answer on your answer sheet.

10. Mark your answer on your answer sheet.

Directions: You will hear short talks or conversations. They will be spoken TWICE. Listen carefully, read each question and choose the best answer.

지시사항 11번부터 25번까지는 짧은 대화나 이야기를 **두 번** 듣고, 주어진 질문에 가장 알맞은 답을 고르는 문제입니다.

11. What time is it now?

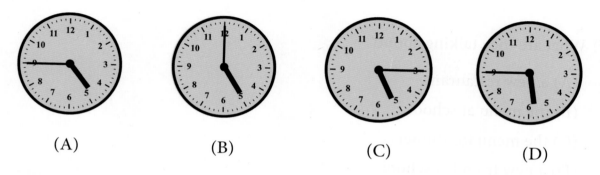

(A)   (B)   (C)   (D)

12. What does the boy want?

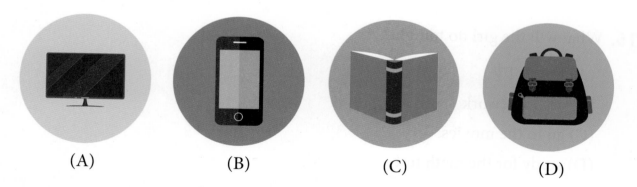

(A)   (B)   (C)   (D)

13. What's the weather like today?

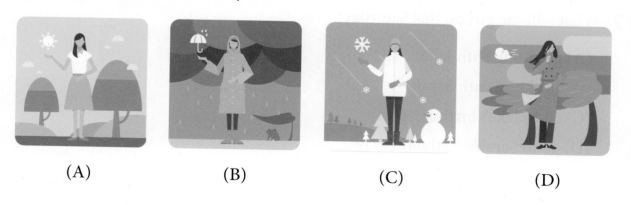

(A)   (B)   (C)   (D)

14. How much are ten candles?

   (A) 5

   (B) 10

   (C) 15

   (D) 20

15. What are they talking about?

   (A) a new restaurant

   (B) the menu at school

   (C) the menu for dinner

   (D) a new friend at school

16. What will the girl do tonight?

   (A) watch TV

   (B) do homework

   (C) go to the movies

   (D) study for the math test

17. What will the girl do this Saturday?

   (A) go skiing with Jake

   (B) go skiing with Sarah

   (C) go to Jake's birthday party

   (D) go to Sarah's birthday party

[18-19]

18. What is not true about kevin?

(A) He is from Germany.

(B) He is a fine swimmer.

(C) He is staying only for the summer.

(D) He did not return to England after the camp.

19. Where did the boy and Kevin meet?

(A) at German camp

(B) at English camp

(C) at the sports camp

(D) at the swimming pool

[20-21]

20. Where does this announcement take place?

(A) at a school

(B) in an airport

(C) at a shopping mall

(D) at an amusement park

21. What does the woman remind the children to do?

(A) stay in a group

(B) find a ride home

(C) follow safety instructions

(D) go to the amusement park

[22-23]

22. Why did Tom call Mina?

    (A) to practice soccer

    (B) to cancel practice

    (C) to ask about the weather

    (D) to meet at the soccer field

23. When will they meet next?

    (A) next week

    (B) next weekend

    (C) tomorrow night

    (D) tomorrow morning

[24-25]

24. What does the girl introduce to the club?

    (A) a book

    (B) a movie

    (C) a library

    (D) an animation

25. What genre is the story the girl introduces?

    (A) a comedy

    (B) a love story

    (C) a biography

    (D) a horror story

Directions: You will hear conversations in English. They will be spoken TWICE. After you listen to the conversations, read each question and choose the best response to what the last speaker says.

지시사항 26번부터 30번까지는 대화를 영어로 **두 번** 듣고, 대화의 마지막 질문이나 마지막 말 뒤에 이어질 가장 알맞은 응답을 주어진 질문에 맞게 고르는 문제입니다. (D)

26. What's next?

(A) I saw it yesterday.

(B) The desk is Sam's.

(C) I put it in your bag.

(D) I left school at four.

27. What's next?

(A) It's not a new one.

(B) I'm not sure. I will ask.

(C) The T-shirt is a nice color.

(D) I wish I had a new T-shirt.

28. What's next?

(A) I'm almost done.

(B) I just saw it yesterday.

(C) I finished it last night.

(D) It's because of the car.

29. What's next?

(A) Yes, today is March 1st.

(B) Yes, Kenny's party is today.

(C) No, my birthday is tomorrow.

(D) No, I didn't get my birthday present.

30. What's next?

(A) Mr. Travis was in the office.

(B) Mr. Travis went to his office.

(C) Yeah, I'll try again later today.

(D) Yeah, I travelled around the world.

Reading and Writing

Part **A** *Sentence Completion*
5 Questions

Part **B** *Situational Writing*
5 Questions

Part **C** *Practical Reading and Retelling*
10 Questions

Part **D** *General Reading and Retelling*
10 Questions

Directions: You will see conversations with blanks. Read carefully and choose the one which best completes the blanks.

지시사항   1번에서 5번까지는 빈칸을 알맞게 채워 대화를 완성하는 문제입니다. 가장 알맞은 답을 고르세요.

1. A: _____ did you put my phone?
    B: It's inside the bag.

    (A) How
    (B) Why
    (C) When
    (D) Where

2. A: Thanks for helping me with my
       homework.
    B: It was _____.

    (A) nothing
    (B) anything
    (C) none thing
    (D) everything

3. A: He took my book _____ I
       asked him not to.
    B: That's so mean of him.

    (A) whatever
    (B) just in case
    (C) nonetheless
    (D) even though

4. A: You seem to really like swimming.
    B: Yes, I go to the pool _____.

    (A) often
    (B) never
    (C) rarely
    (D) seldom

5. A: _____ you packed everything?
    B: Yep. All the luggage is in the car.

    (A) Do
    (B) Did
    (C) Has
    (D) Have

Directions: You will see pictures and incomplete sentences. Choose the one which best completes the sentences.

지시사항 6번부터 10번까지는 그림을 보고 문장을 완성하는 문제입니다. 가장 알맞은 답을 고르세요.

6.

She is _____ up laundry.

(A) drying

(B) ironing

(C) hanging

(D) washing

7.

She is riding a _____.

(A) comb

(B) brush

(C) broom

(D) cushion

8.

The couple is going _____ this weekend.

   (A) skiing

   (B) hiking

   (C) running

   (D) shopping

9.

The boy has a _____.

   (A) sore back

   (B) headache

   (C) hurt wrist

   (D) runny nose

10.

The people cross _____ the car.

   (A) beside

   (B) beneath

   (C) in front of

   (D) in between

Directions: You will see practical reading materials. Each reading material is followed by questions about it. Choose the best answer to each question.

지시사항 11번부터 20번까지는 실용적 읽기자료에 관련된 문제입니다. 각 읽기자료 다음에는 질문이 제시됩니다. 각 질문에 해당하는 가장 알맞은 답을 고르세요.

For questions 11 – 12, refer to the following information.

11. Who would pay the most for a haircut at this salon?

(A) April, getting her hair cut before college graduation

(B) Greg, getting his hair cut the day before his wedding

(C) Timmy, getting his hair cut to celebrate his 20th birthday

(D) Emma, getting her hair cut before her first day of kindergarten

12. How much would it cost for a man to get his hair cut and face shaven, but not shampooed or styled?

(A) $25

(B) $35

(C) $45

(D) $55

For questions 13 – 14, refer to the following graph.

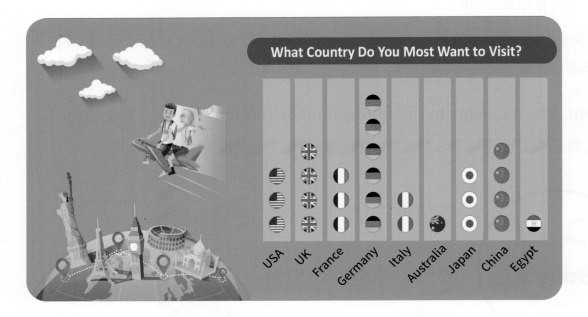

13. How many students want to go to Great Britain?

    (A) 2

    (B) 3

    (C) 4

    (D) 6

14. How many students want to go to a country outside of Europe?

    (A) 12

    (B) 15

    (C) 19

    (D) 27

For questions 15 – 16, refer to the following schedule.

AUTUMN SEMESTER SCHEDULE

August	15th	First Day of School
September	5th	Labor Day Holiday (No School)
October	13th, 14th	Mid-term Exams
	19th	Report Cards
November	23rd, 24th	Thanksgiving Holiday (No School)
December	2nd	School Musical Performance
	15th, 16th	Final Exams
	16th	Semester Ends

15. How many days off for special holidays do students have during the semester?

(A) 1

(B) 2

(C) 3

(D) 4

16. What do students receive in October?

(A) class grades

(B) penalty cards

(C) report projects

(D) tickets to a musical

For questions 17 – 18, refer to the following coupon.

Congratulations!

You've won 2 double cheese burgers for the price of one!
Show this coupon when you order a double cheese burger
or double vegetarian cheese burger and
receive another one free!

Limit only 1 coupon per customer per visit.

Available until January 15th, 2018.

17. What type of coupon is this?

(A) 25% off

(B) free upgrade

(C) extra gift item

(D) buy one get one free

18. What can customers NOT do with this coupon?

(A) receive a discount until January

(B) buy four cheeseburgers at one time

(C) buy two cheeseburgers at a lower price

(D) get vegetarian burgers instead of beef ones

For questions 19 – 20, refer to the following information.

19. When is the welcome party?

(A) at 1PM

(B) on Saturday

(C) at Bryant Park

(D) on September 12th

20. What do visitors need to bring?

(A) sportswear

(B) a soccer ball

(C) food and drinks

(D) membership fees

Directions: You will see various reading materials. Each reading material is followed by questions about it. Choose the best answer to each question.

지시사항 21번부터 30번까지는 다양한 읽기 자료에 관련된 문제입니다. 각 읽기 자료 다음에는 질문이 제시됩니다. 각 질문에 해당하는 가장 알맞은 답을 고르세요.

For questions 21 – 22, refer to the following passage.

> Today is my first day of middle school. I'm a little nervous, because I don't know anyone. My family moved after I graduated elementary school, so I had to say goodbye to all of my friends. My dad says that during vacation, we will go back and visit them. Until then, I will try hard to make new friends at my new school.

21. What is happening on this day for the writer?

(A) The writer is starting at a new school.

(B) The writer is saying good-bye to friends.

(C) The writer is packing his things to move.

(D) The writer is graduating from elementary school.

22. How does the writer feel?

(A) sad

(B) angry

(C) excited

(D) nervous

For questions 23 – 24, refer to the following passage.

I had a terrible day today. I fell while I was walking down the street and ruined my new white dress. I was so embarrassed that I ran home as quickly as possible. I was worried my mother would be angry, but when I finished changing clothes, she gave me some cookies and juice so that I would not be sad anymore.

23. What terrible thing happened to the writer?

(A) She tripped in the road.

(B) Her mother was mad at her.

(C) She spilled juice on her dress.

(D) She could not buy the dress she wanted.

24. How did the mother react to the girl?

(A) She forgot about her daughter.

(B) She tried to make her daughter feel better.

(C) She yelled at her daughter for making a mistake.

(D) She congratulated her daughter for doing a good job.

For questions 25 – 26, refer to the following passage.

In my classroom library, there are thirty books. Ms. Powell asks all students to read one book each week and write a report on the book they read. Students have to turn in their report by Friday. There are twenty four students in my class. This week, two of my classmates were absent because they had cold.

25. What did Ms. Powell asked the students to do by Friday?

(A) read a book and write a report

(B) turn on the lights and read a book

(C) buy a book and put it in the library

(D) write a book list and go to the library

26. The students each read one book this week. How many books were left in the classroom library?

(A) 2

(B) 4

(C) 6

(D) 8

For questions 27 – 28, refer to the following passage.

Soccer is a sport that people all of the world play. The rules we use today mostly came from the United Kingdom starting in the 1850s. However, many other countries played similar games. A game close to soccer was played in China by 300 B.C.E. Another ball-and-foot game was also played in Ancient Greece.

27. Where might you find this passage?

(A) a novel

(B) a biography

(C) a history book

(D) an advertisement

28. What country is NOT mentioned as a place that soccer started?

(A) India

(B) China

(C) Greece

(D) the United Kingdom

For questions 29 – 30, refer to the following passage.

Tornadoes are storms with strong winds. They can start anywhere in the world, but most tornadoes occur in the central part of the United States. Cold, dry air from Canada mixes with warm, damp air from the Atlantic Ocean. This makes violent storms that can cause a lot of damage.

29. Where do most tornadoes occur?

(A) Mexico

(B) Canada

(C) the United States

(D) the Atlantic Ocean

30. What causes tornadoes?

(A) air pollution

(B) strong winds

(C) the spinning of the Earth

(D) warm and cold air mixing

심화문제 유형 및 만점 전략 ④

① 짚고 넘어가기

(B) I wish you would leave.
(C) I'm so sorry for hurting you.
(D) Say sorry for hitting me with the ball.

짚고 넘어가기

✔ ① 'sorry for'의 의미와 쓰임새를 알았나요?
✔ ② (D)가 명령문이라는 걸 파악했나요?

"문항을 정확하게 이해했는지 스스로 점검하세요."

정답에 실마리가 되는 핵심 어휘와 표현 및 문장 구조, 정답을 도출해내는 데 결정적 증거가 되는 내용과 논리 등을 제대로 파악했는지 질문을 통하여 능동적으로 확인하도록 합니다.

② 왜 틀렸을까?

왜 틀렸을까?

과반수가 넘는 학생들이 (A)를 답으로 골랐습니다. 아마 질문을 '학교까지 달려가는데 얼마나 걸려?'라고 생각했나 봅니다. 하지만 이는 정확하지 않은 관찰입니다. 이 문장은 'it _____ to go to school.'을 How long 의문문으로 만든 것입니다. 가짜 주어 it이 주어의 자리를 차지하고 진짜 주어 'to go to school'(학교를 가는 것)이 뒤에 나온 것이지요. 따라서 동사의 자리인 빈칸에 알맞은 것은 '만큼의 시간이 걸린다'라는 뜻을 가진 (D) 'take' 밖에 없습니다.
그렇다면 '학교까지 달려가는데 얼마나 걸려?'는 정확히 영어로 어떻게 말할 수 있을까요? 'How long does it take to run to school?' 이겠지요.

"오답 원리를 확실하게 파악하세요."

실제 정답률 분석을 통하여 다수의 수험자가 오답을 고르게 된 핵심 원인을 설명하고, 이에 따른 올바른 문제 접근 방식을 제공합니다. 수험자들은 오답 원리를 공부하며 자신의 문제 풀이를 점검하고 더욱더 수준 높은 문제 접근 원리를 터득합니다.

③ 이렇게 공부하세요!

이렇게 공부하세요!

영어 문장이 헷갈릴 때는 늘 먼저 주어와 주어의 동사를 찾아보세요. A가 말한 문장의 주어는 'it'이 될 테고 동사는 빈칸이 될 겁니다. 그렇다면 'it'은 무엇을 가리킬까요? '그것'일까요? 그러면 '그것'은 무엇인가요? 이런 식으로 추론을 하다 보면 'it'이 실체가 없는 가짜 주어라는 걸 깨닫게 되고 비로소 문장 구조를 이해하게 될 것입니다.

"영어 학습 방향을 바르게 잡으세요."

문항과 관련하여 좀 더 고차원적이고 심도 있는 영어 학습 방향을 제시합니다.

④ 알짜 노트

미안하다고

알짜 노트

'sorry'는 '미안함' 감정을 나타내기도 하지만 '안타까운' 감정을 표현하기도 합니다.
I'm so sorry your brother got sick.
(네 남동생이 아프다니 안쓰럽다.)

"추가 정보와 함께 심화 학습을 완성하세요."

문항과 관련하여 별도의 학습 내용을 제공합니다.

8. B: Do you mind turning off the TV?

G: _____

(A) Yes, they're mine.

(B) Yes, it's on TV.

(C) No, of course not.

(D) No, it's on the news.

? 왜 틀렸을까?

'Do you mind ~ing?'은 '~해도 될까?'라는 뜻의 허락을 구하는 표현입니다. 만일 허락한다면 'No'를, 허락하지 않는다면 'Yes'라고 대답하는 것이 원칙입니다. 그런데 왜 이렇게 반대로 대답하는 걸까요? 비밀은 'mind' (꺼리다, 언짢아하다)라는 동사의 본래 뜻에 있습니다. 'mind'의 원래 뜻에 따라 'Do you mind turning off the TV?'를 해석한다면 'TV를 끄는 것이 너를 언짢게 하니?'가 됩니다. TV를 꺼도 된다고 생각하면 'No, of course not.' (아니, 당연히 (언짢지) 않아.)이라고 대답하겠지요. 이 표현을 몰랐던 과반수의 학생이 다른 선택지를 골랐습니다. 때로는 우리말로 이해가 가지 않을 때 영어 단어의 본래 뜻을 하나하나 파고드는 것도 좋은 공부 방법입니다.

G: Oh no! It's already past five?

B: Yep, the program has been already on for fifteen minutes now.

정답률 40.46%

11. What time is it now?

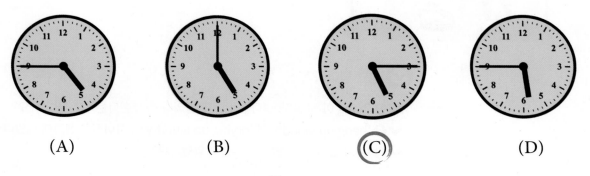

(A)   (B)   (C)   (D)

✅ 짚고 넘어가기

✔❶ 'past'의 뜻을 알았나요?

✔❷ 소년과 소녀가 무엇을 하는지 파악했나요?

✔❸ 'program'이 다섯 시에 시작했다는 걸 파악했나요?

❓ 왜 틀렸을까?

상당한 상황 파악 능력을 요구하는 문제입니다. 현재 시각이 직접 주어지지 않고 대화를 통해 추론해야 하는 문항이었기 때문에 많은 학생이 오답을 골랐습니다. 우선 소녀의 말을 통해 현재 다섯 시가 이미 지난 상황임을 알 수 있습니다. 그런데 소년이 어떤 프로그램이 시작한 지 벌써 15분이 지났다고 말합니다. 이 소년의 말 한마디를 통해 둘은 다섯 시에 시작하는 어떤 프로그램을 보려 하고 있다는 사실과, 그 프로그램이 시작한 지 이미 15분이 지났기 때문에 현재 5시 15분이라는 점을 추론해낸 학생들만이 정답을 맞혔습니다.

6.

She is _____ up laundry.

(A) drying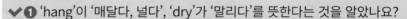

(B) ironing

(C) hanging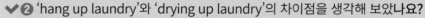

(D) washing

✅ **짚고 넘어가기**

✔❶ 'hang'이 '매달다, 널다', 'dry'가 '말리다'를 뜻한다는 것을 알았나요?

✔❷ 'hang up laundry'와 'drying up laundry'의 차이점을 생각해 보았나요?

✔❸ (A)가 답이 될 수 없는 이유를 파악했나요?

❓ **왜 틀렸을까?**

'빨래를 말리다, 널다'라는 표현은 동사 'hang' (걸다, 매달다)을 사용하여 'hang (up) laundry'라고 하지만 상당수의 학생이 (A) 'drying'을 골랐습니다. 왜 그랬을까요? 바로 '빨래를 말리다'라는 우리말 표현에 익숙해 '말리다'라는 뜻을 가진 'dry'를 그대로 골랐기 때문입니다. 하지만 우리말과 영어는 때때로 완벽히 대응하지 않습니다. 우리말로 빨래를 말린다고 하면 빨랫줄에 옷가지를 거는 모습이 떠오르지만 'dry up laundry'라는 영어 표현은 오히려 건조기를 가지고 직접 세탁물을 말리는 모습에 더 가깝습니다. 우리말에 얽매이지 않고 적절한 영어 표현을 공부하려고 노력하기 바랍니다.

Soccer Club Welcome PARTY

SEPTEMBER 12, 8AM
PLACE : Bryant Park
Price : Free

COME JOIN US

Come join us for the start of the season!
Non - members are free to come!

Food and drinks will be provided.
Bring clothes to play a match with everyone!

정답률 42.43%

20. What do visitors need to bring?

(A) sportswear

(B) a soccer ball

(C) food and drinks

(D) membership fees

✅ **짚고 넘어가기**

✔❶ (C)가 답이 될 수 없는 이유를 알았나요?

✔❷ 'sportswear'의 뜻을 알았나요?

✔❸ 'sportswear'의 뜻을 추측하려고 노력했나요?

❓ **왜 틀렸을까?**

분명 본문에서는 옷을 가져오라 했는데 선택지에 옷과 관련된 단어가 없는 것 같아 학생들이 당황한 모양입니다. 결국 많은 학생이 본문에 보이는 'food and drinks'를 골랐습니다. 음식과 음료는 제공되기 때문에 가져올 필요가 없는 데도 말이죠. 그렇다면 시합 때 입을 옷을 나타내는 단어는 어디 있을까요? 바로 (A)의 'sportswear' (운동복)입니다.

❗ **이렇게 공부하세요!**

'sportswear'란 단어가 낯설게 느껴지나요? 자세히 보면 그렇지 않습니다. 이 단어는 우리가 아는 단어 'sports' (스포츠)와 'wear' (입다)의 조합일 뿐입니다. 스포츠를 할 때 입는 옷은 바로 운동복이겠죠?
우리말 '운동복', '내복', '등산복'의 '복'처럼 영어의 'wear'가 다른 단어와 합쳐져서 옷의 종류를 나타내는 경우가 종종 있습니다. 'underwear' (속옷)나 'nightwear' (잠옷), 'outerwear' (겉옷) 등이 떠오릅니다. 이처럼 긴 영어 단어를 통째로 외우는 것 대신에 가끔은 쪼개서 어떤 단어들로 짜여 있는지 살펴보면 여러분의 어휘 실력은 한층 상승할 것입니다.

Actual Test 5

Section I

Listening and Speaking

Part **A** *Listen and Recognize*
5 Questions

Part **B** *Listen and Respond*
5 Questions

Part **C** *Listen and Retell*
15 Questions

Part **D** *Listen and Speak*
5 Questions

Directions: You will hear English sentences. The sentences will be spoken TWICE. Listen carefully and choose the most suitable picture.

1.

(A)   (B)   (C)   (D)

2.

(A)   (B)   (C)   (D)

3.

(A)

(B)

(C)

(D)

4.

(A)

(B)

(C)

(D)

5.

(A)

(B)

(C)

(D)

Directions: You will hear English sentences and answer choices (A), (B), (C), and (D). The sentences and the choices will be spoken TWICE. Listen carefully and choose the most suitable answer.

지시사항 6번부터 10번까지는 영어문장을 듣고, 들은 말에 대한 가장 알맞은 대답을 고르는 문제입니다. 영어질문과 보기는 **두 번** 들려주며 (A), (B), (C), (D) 중에서 하나를 고르세요. 🎧

6. Mark your answer on your answer sheet.

7. Mark your answer on your answer sheet.

8. Mark your answer on your answer sheet.

9. Mark your answer on your answer sheet.

10. Mark your answer on your answer sheet.

Directions: You will hear short talks or conversations. They will be spoken TWICE. Listen carefully, read each question and choose the best answer.

지시사항 11번부터 25번까지는 짧은 대화나 이야기를 **두 번** 듣고, 주어진 질문에 가장 알맞은 답을 고르는 문제입니다. 🎧

11. What is the girl having?

(A)

(B)

(C)

(D)

12. What is the girl looking for?

(A)

(B)

(C)

(D)

13. Who is the hat for?

Sophie
(A)

John
(B)

Henry
(C)

Samuel
(D)

14. What are they talking about?

    (A) health

    (B) homework

    (C) a math test

    (D) the weekend

15. What did the girl do on the weekend?

    (A) read a book

    (B) stayed home

    (C) went to a spa

    (D) cleaned the house

16. What does the mom want the boy to do?

    (A) go home after school

    (B) meet her after school

    (C) follow the school rules

    (D) lock the door behind him

17. What are they talking about?

    (A) a color

    (B) a hobby

    (C) a friend

    (D) a flower

PART

[18-19]

18. How many people live together?

    (A) 1

    (B) 2

    (C) 3

    (D) 4

19. According to the passage, what do they probably NOT do together?

    (A) play games

    (B) eat breakfast

    (C) study for tests

    (D) talk on the phone

[20-21]

20. How old is the boy now?

    (A) 3

    (B) 6

    (C) 9

    (D) 12

21. What does the boy want to be?

    (A) a doctor

    (B) a teacher

    (C) a lesson planner

    (D) a professional swimmer

[22-23]

22. What did the girl buy at the school bazaar?

    (A) a book

    (B) a pencil

    (C) a jelly bag

    (D) chocolate milkshake

23. How much money did the girl spend at the bazaar?

    (A) 3 dollars

    (B) 4 dollars

    (C) 6 dollars

    (D) 7 dollars

[24-25]

24. Who did the boy watch the movie with?

    (A) the citizens

    (B) the two lovers

    (C) the boy's friends

    (D) the boy's parents

25. What was the movie about?

    (A) a love story

    (B) a title match

    (C) cities in Japan

    (D) battles in Europe

Directions: You will hear conversations in English. They will be spoken TWICE. After you listen to the conversations, read each question and choose the best response to what the last speaker says.

지시사항 26번부터 30번까지는 대화를 영어로 **두 번** 듣고, 대화의 마지막 질문이나 마지막 말 뒤에 이어질 가장 알맞은 응답을 주어진 질문에 맞게 고르는 문제입니다.

26. What's next?

(A) It's very easy.

(B) Try the red one.

(C) They are all fast.

(D) Go to the classroom.

27. What's next?

(A) He's Mr. Howard.

(B) Me too. I missed him.

(C) He's going to be back soon.

(D) You too. Thank you so much.

28. What's next?

(A) Great idea!

(B) I love playing piano.

(C) Listening is difficult.

(D) I'm sorry to hear that.

29. What's next?

(A) No, it's not okay.

(B) Yes, it's almost ten.

(C) No, it's a blue toy train.

(D) Yes, it's a new science project.

30. What's next?

(A) No, it's red.

(B) Yes, it's mine.

(C) No, it's raining.

(D) Yes, that's right.

Section II

Reading and Writing

Part **A** *Sentence Completion*
5 Questions

Part **B** *Situational Writing*
5 Questions

Part **C** *Practical Reading and Retelling*
10 Questions

Part **D** *General Reading and Retelling*
10 Questions

Directions: You will see conversations with blanks. Read carefully and choose the one which best completes the blanks.

지시사항 1번에서 5번까지는 빈칸을 알맞게 채워 대화를 완성하는 문제입니다. 가장 알맞은 답을 고르세요.

1. A: _____ are you?

B: I am nine years old.

(A) When

(B) Where

(C) How old

(D) How much

2. A: _____ you help me?

B: Of course, I can!

(A) Let

(B) Are

(C) Can

(D) Have

3. A: Whose pencil is this?

B: This is _____.

(A) me

(B) my

(C) him

(D) his

4. A: The neighbor's dog barks

_____.

B: I can't stand it!

(A) loud

(B) loudly

(C) louded

(D) louding

5. A: Where is Kitty?

B: She's _____ the roof.

(A) at

(B) on

(C) for

(D) from

Directions: You will see pictures and incomplete sentences. Choose the one which best completes the sentences.

지시사항 6번부터 10번까지는 그림을 보고 문장을 완성하는 문제입니다. 가장 알맞은 답을 고르세요.

6.

Ms. Ginger is helping students _____.

(A) read books

(B) cut the paper

(C) draw pictures

(D) clean the classroom

7.

The girl is wearing _____.

(A) sandals

(B) a raincoat

(C) a swimsuit

(D) winter boots

8.

The monster has _____.

  (A) one eye

  (B) two teeth

  (C) three horns

  (D) five fingers

9.

The family is standing _____ a house.

  (A) inside

  (B) behind

  (C) in front of

  (D) in beside of

10.

The road is _____.

  (A) wavy

  (B) sharp

  (C) curvy

  (D) straight

Directions: You will see practical reading materials. Each reading material is followed by questions about it. Choose the best answer to each question.

11번부터 20번까지는 실용적 읽기자료에 관련된 문제입니다. 각 읽기자료 다음에는 질문이 제시됩니다. 각 질문에 해당하는 가장 알맞은 답을 고르세요.

For questions 11 – 12, refer to the following information.

11. Helen has $2.70. Which ice cream can she buy?

(A) melon ice cream

(B) banana ice cream

(C) yogurt ice cream

(D) chocolate ice cream

12. Which ice cream is most expensive?

(A) melon ice cream

(B) banana ice cream

(C) yogurt ice cream

(D) chocolate ice cream

For questions 13 – 14, refer to the following chart.

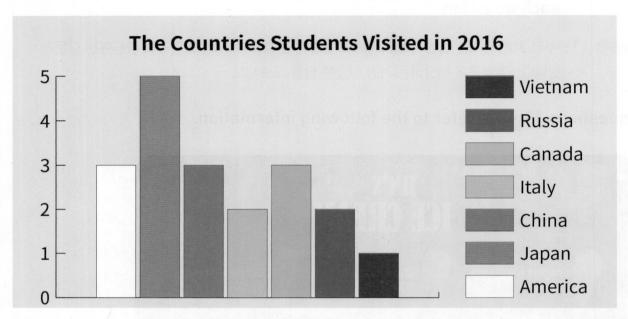

13. Which country was most visited in 2016?

(A) Japan

(B) China

(C) Canada

(D) Vietnam

14. If the class has 29 students, and each student only went to one country, how many students did not visit another country?

(A) 1

(B) 9

(C) 10

(D) 19

For questions 15 – 16, refer to the following information.

15. What is advised to do at the party?

(A) play loud music

(B) come anytime you want

(C) make something healthy

(D) wear something interesting

16. When is the party?

(A) October 30th

(B) 2:00 PM

(C) Kingston Avenue

(D) Saturday

For question 17 – 18, refer to the following information.

Children's TV Schedule (June 8th, Sat. Afternoon)

1:00	BINGO!	*Kids Bingo Show*
1:55		Short Animation *Larry the Monster*
2:10		*Dinosaur Clues*
3:00		Science Film *Planet Sea*
3:55		*The City of Building Blocks*
4:10		Short Animation *Choo Choo Train*
5:00		*Adventure of Humpty*
5:55		Short Movie *Animal Kingdom*

17. When does the program, *Adventure of Humpty* start?

(A) 3:55 AM

(B) 5:00 AM

(C) 3:55 PM

(D) 5:00 PM

18. How long is the *Kids Bingo Show*?

(A) 10 minutes

(B) 55 minutes

(C) 1 hour

(D) 2 hours

For question 19 - 20, refer to the following picture.

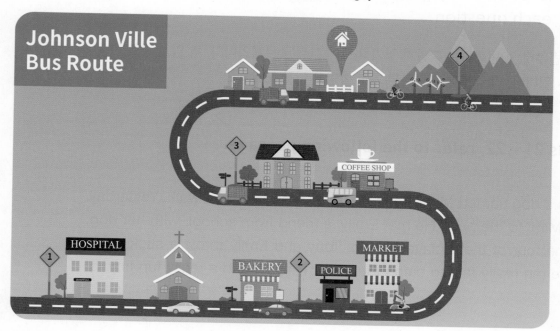

19. If you want to go to the police station, which bus stop would you have to get off at?

(A) 1

(B) 2

(C) 3

(D) 4

20. The red mark is Jane's house. How many bus stops would Jane take to get to the hospital?

(A) 1

(B) 3

(C) 5

(D) 6

Directions: You will see various reading materials. Each reading material is followed by questions about it. Choose the best answer to each question.

지시사항 21번부터 30번까지는 다양한 읽기 자료에 관련된 문제입니다. 각 읽기 자료 다음에는 질문이 제시됩니다. 각 질문에 해당하는 가장 알맞은 답을 고르세요.

For questions 21 – 22, refer to the following passage.

Tony has a dog named Mimi. Tony loves to take Mimi for a walk. Yesterday, he took Mimi to the park. He met Emily, a friend from school, with her dog, Kane. The four of them played catch. Tony and Emily threw a stick. Mimi and Kane ran really fast to catch the stick. They all had a really fun time at the park.

21. Where did they play catch?

(A) at the park

(B) at Tony's school

(C) in Emily's house

(D) in Tony's backyard

22. Who is Kane?

(A) Tony's pet

(B) Emily's pet

(C) Tony's brother

(D) Emily's brother

For questions 23 – 24, refer to the following passage.

> Today, I read a book about a famous musician, Wolfgang Amadeus Mozart. He was born in 1756 in Austria. His father was a violinist. Mozart learned music when he was three years old. He started writing his own music when he was five years old. His sister and he travelled all over Europe for people who wanted to listen to their music.

23. When did Mozart write his first piece of music?

(A) 3 years old

(B) 5 years old

(C) 7 years old

(D) 9 years old

24. Why did Mozart and his sister travel Europe?

(A) to be great violinists

(B) to go to a music school

(C) to meet famous people

(D) to play music in front of people

For questions 25 – 26, refer to the following passage.

There is a school book sale tomorrow. My teacher, Mr. Pickering asked all students to bring two books that we don't read anymore. There are 9 students in my class. We will exchange the books from my class with Suzy's class. There are 10 students in Suzy's class. I still don't know which two books to bring.

25. How many books will be collected from Suzy's class?

    (A) 9

    (B) 10

    (C) 18

    (D) 20

26. When they exchange the books from the two classes, how many books will not be traded?

    (A) 1

    (B) 2

    (C) 3

    (D) 4

For questions 27 – 28, refer to the following passage.

The first computer in the world was developed in 1946. It took three years to build it. It weighed more than 27 tons (compare: elephants weigh about 7 tons) and took up a large room. It was called ENIAC. It could calculate 5,000 equations in one second. It took several people to program the computer. The computers that we use today are almost a hundred thousand times faster.

27. What would be the best title for this passage?

(A) Today's Computers

(B) The First Computer

(C) The Speed of a Computer

(D) The Weight of a Computer

28. According to the passage, what is true about ENIAC?

(A) It was lighter than elephants.

(B) It was smaller than an elevator.

(C) It was faster than a human at math.

(D) It was developed a hundred years ago.

For questions 29 – 30, refer to the following passage.

> My father is a cook. He works at a Chinese restaurant. He makes delicious food. I really like the noodles he makes. He can make many kinds of noodles with different sauces. He uses onions, potatoes, carrots, beef, pork, and even seafood. He fries the noodles and, sometimes, he puts the noodles in the soup. I love all the kinds of noodles he makes.

29. What is true about the writer's father?

    (A) He is Chinese.

    (B) He speaks Chinese very well.

    (C) He loves to eat Chinese food.

    (D) He cooks at a Chinese restaurant.

30. What is NOT an ingredient the writer's father uses to cook noodles?

    (A) beef

    (B) garlic

    (C) carrots

    (D) seafood

심화문제 유형 및 만점 전략 5

① 짚고 넘어가기

(B) I wish you would leave.
(C) I'm so sorry for hurting you.
(D) Say sorry for hitting me with the ball.

✓ 짚고 넘어가기
✓ 'sorry for'의 의미와 쓰임새를 알았나요?
✓ (D)가 명령문이라는 걸 파악했나요?

"문항을 정확하게 이해했는지 스스로 점검하세요."
정답에 실마리가 되는 핵심 어휘와 표현 및 문장 구조, 정답을
도출해내는 데 결정적 증거가 되는 내용과 논리 등을 제대로
파악했는지 질문을 통하여 능동적으로 확인하도록 합니다.

② 왜 틀렸을까?

? 왜 틀렸을까?
과반수가 넘는 학생들이 (A)를 답으로 골랐습니다. 아마 질문을 '학교까지 달려가는데 얼마나 걸려?'라고 생각했나 봅니다. 하지만
이는 정확하지 않은 관찰입니다. 이 문장은 'it _____ to go to school.'를 How long 의문문으로 만든 것입니다. 가짜 주어 it이
주어의 자리를 차지하고 진짜 주어 'to go to school'(학교를 가는 것)이 뒤에 나온 것이지요. 따라서 동사의 자리인 빈칸에 알맞은
것은 '~만큼의 시간이 걸리다'라는 뜻을 가진 (D) 'take' 밖에 없습니다.
그렇다면 '학교까지 달려가는데 얼마나 걸려?'는 정확히 영어로 어떻게 말할 수 있을까요? 'How long does it take to run to
school?' 이겠지요.

"오답 원리를 확실하게 파악하세요."
실제 정답률 분석을 통하여 다수의 수험자가 오답을 고르게 된
핵심 원인을 설명하고, 이에 따른 올바른 문제 접근 방식을
제공합니다. 수험자들은 오답 원리를 공부하며 자신의 문제
풀이를 점검하고 더욱더 수준 높은 문제 접근 원리를 터득합니다.

③ 이렇게 공부하세요!

! 이렇게 공부하세요!
영어 문장이 헷갈릴 때는 늘 먼저 주어와 주어의 동사를 찾아보세요. A가 말한 문장의 주어는 'it'이 될 테고 동사는 빈칸이 될 겁니
다. 그렇다면 'it'은 무엇을 가리킬까요? '그것'일까요? 그러면 '그것'은 무엇인가요? 이런 식으로 추론을 하다 보면 'it'이 실체가 없
는 가짜 주어라는 걸 깨닫게 되고 비로소 문장 구조를 이해하게 될 것입니다.

"영어 학습 방향을 바르게 잡으세요."
문항과 관련하여 좀 더 고차원적이고 심도 있는
영어 학습 방향을 제시합니다.

④ 알짜 노트

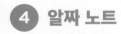
미안하다고

알짜 노트
'sorry'는 '미안한' 감정을 나타내기도
하지만 '안타까운' 감정을 표현하기도
합니다.
I'm so sorry your brother got sick.
(네 남동생이 아프다니 안쓰립다.)

"추가 정보와 함께 심화 학습을 완성하세요."
문항과 관련하여 별도의 학습 내용을 제공합니다.

✔❷ ✔❶

G: I live with three roommates. They are Susan, Alicia and Kathy. They are friends from school. We do lots of things together. We study together, we eat together and we play games together when we're finished with homework. It's very fun to live with the girls.

정답률 13.35%

18. How many people live together?

(A) 1

(B) 2

(C) 3

(D) 4

 짚고 넘어가기

✔❶ 소녀가 3명의 친구와 같이 산다는 것을 파악했나요?

✔❷ 주어 'I'나 'We'를 듣고 말하는 이를 떠올렸나요?

✔❸ 함께 사는 사람 수를 구할 때 소녀를 고려했나요?

? 왜 틀렸을까?

분명 친구 세 명과 같이 산다고 들었는데 무슨 까닭인지 정답은 (C)가 아니라 (D)였습니다. 갑자기 투명 인간이 이사 온 것도 아니고 이게 어찌 된 일일까요? 바로 많은 학생이 정작 말하고 있는 소녀를 투명 인간처럼 지나치고 말았습니다. 소녀를 계산에 포함하지 않고 (C)를 고르게 된 것이지요. 'I live with three roommates.'를 듣고 소녀와 세 명의 친구가 함께 사는 모습을 떠올린 학생들이 정답을 맞혔습니다.

! 이렇게 공부하세요!

본문의 주어 'I'를 'Joey'로, 'We'를 'They'로 바꿔서 차이점을 비교하기 바랍니다. 만약 첫 문장이 'Joey lives with three roommates.'였다면 네 명이 함께 산다는 사실을 더 쉽게 눈치챌 수 있었을까요? 평소 대화를 들을 때 자신이 말하는 이를 고려하며 듣는지 점검하기 바랍니다.

B: This weekend, I have a swim practice with my swim teacher. ✔❶ I have been taking lessons ✔❷ for three years ✔❸ since ✔❷ I was six years old. I want to be a professional swimmer when I grow up. I train three hours every week. Last month, I won at the Junior Swimming Competition. ✔❸

정답률 25.10%

20. How old is the boy now?

(A) 3

(B) 6

(C) 9

(D) 12

✅ 짚고 넘어가기

✔❶ 현재 완료 구문을 정확히 이해했나요?

✔❷ 'for'와 'since'의 뜻을 정확히 알아들었나요?

✔❸ 주어진 수치 정보를 바탕으로 정답을 추론했나요?

❓ 왜 틀렸을까?

주어진 정보를 통해 정답을 유추해야 하는 쉽지 않은 문항입니다. 적지 않은 학생들이 추론 과정을 거치지 않고 본문에서 그대로 들려주는 (A)와 (B)를 골랐습니다. 아마도 현재 완료 문장이 아직 익숙지 않았나 봅니다. 하지만 정답을 맞힌 학생들은 소년이 6살때부터 ('since I was six years old') 3년 동안 ('for three years') 수영 강습을 받았다는 사실을 통해 소년이 현재 9살이라는 것을 이끌어냈습니다.

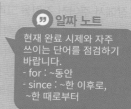

📝 알짜 노트

현재 완료 시제와 자주 쓰이는 단어를 점검하기 바랍니다.
- for : ~동안
- since : ~한 이후로, ~한 때로부터

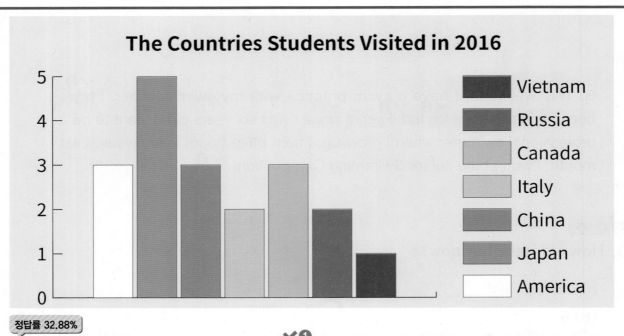

The Countries Students Visited in 2016

Vietnam
Russia
Canada
Italy
China
Japan
America

정답률 32.88%

14. If the class has 29 students, and each student only went to one country, how many students did not visit another country?

(A) 1
(B) 9
(C) 10
(D) 19

✅ 짚고 넘어가기

✅❶ 'each student only went to one country'의 의미를 그래프와 연관 지어 이해했나요?

✅❷ 그래프의 숫자를 모두 더해서 그 의미를 파악했나요?

❓ **왜 틀렸을까?**

if 문장에서 주어진 조건을 그래프와 연관 지어 한 번 더 생각해봐야 하는 문항이어서 만만치 않았습니다. 'each student only went to one country' (각 학생은 오직 한 나라에만 갔다)는 무슨 말일까요? 각 학생이 오직 한 나라에만 갔다는 건 예를 들어 한 학생이 중국도 가고 이탈리아도 가고 러시아도 간 경우가 없다는 말입니다. 이를 그래프를 들어 설명한다면 중국에 간 3명, 이탈리아에 간 2명, 러시아에 간 2명 총 7명은 각각 다른 학생 한 명이라는 걸 뜻합니다. 그렇다면 그래프에 나타난 숫자들의 총합은 무엇을 의미할까요? 바로 다른 나라를 간 학생의 총합이겠지요. 이런 점을 파악하지 못해 적지 않은 학생들이 다른 답을 골랐습니다.

The first computer in the world was developed in 1946. It took three years to build it. It weighed more than 27 tons (compare: elephants weigh about 7 tons) and took up a large room. It was called ENIAC. It could calculate 5,000 equations in one second. It took several people to program the computer. The computers that we use today are almost a hundred thousand times faster.

정답률 63.31%

27. What would be the best title for this passage?

(A) Today's Computers

(B) The First Computer

(C) The Speed of a Computer

(D) The Weight of a Computer

✔ 짚고 넘어가기

✔❶ 제목은 글의 핵심과 관련된다는 걸 알았나요?

✔❷ 나머지 오답 선지는 중심 내용이 아니라 세부 내용이라는 걸 파악했나요?

❓ 왜 틀렸을까?

제목은 글의 핵심을 드러내야 하는 문구입니다. 글에서 말하고자 하는 중심 소재나 중심 내용을 파악하지 못하면 정답을 고르기 어렵겠지요. 선택지의 내용이 모두 본문에 나와 있는 것들이라 정답을 고르기 호락호락하지 않은 문항입니다. 따라서 무엇이 핵심이고 무엇이 핵심을 설명하기 위해 덧붙인 세부 내용인지 구분하는 능력이 필요합니다. 글을 잘 읽어보면 일관되게 'the first computer'를 중심으로 내용이 전개되는 걸 알 수 있습니다. 어떤 컴퓨터의 무게 ('27 tons')나 속도 ('calculate 5,000 equations in one second')는 단지 'the first computer'의 특징을 설명하는 세부 내용이며, 오늘날의 컴퓨터 ('the computers that we use today') 또한 'the first computer'의 속도와 비교하기 위해 추가한 세부 내용일 뿐입니다.

❗ 이렇게 공부하세요!

중심 소재와 세부 내용을 구분하는 게 어렵게 느껴진다면 태양계를 상상해 보세요. 태양이 중심 소재 및 내용이라면 태양을 중심으로 돌고 있는 행성들은 세부 내용이 될 겁니다. 여러분이 만약에 (C) 'The Speed of a Computer'를 제목으로 하는 글을 쓴다면 어떤 내용을 글에 담아낼 수 있을까요? 글의 중심은 '컴퓨터의 속도'가 될 거고, '컴퓨터 속도'라는 태양을 중심으로 글이 회전해야 하니 아마도 컴퓨터 속도의 역사나 컴퓨터 속도가 빨라지면서 발생하는 재밌는 현상 등을 세부 내용으로 집어넣지 않을까요?

Appendix

A

a lot of	많은
a pair of scissors	가위 하나
a pair of shoes	신발 한 켤레
absent	adj. 결석한
activity	n. 활동
additional	adj. 추가의, 여분의
admission	n. 입장
adult	n. 어른
advertisement	n. 광고
after school	방과 후에
again	ad. 다시
airplane	n. 비행기
airport	n. 공항
all day	온종일
almost	ad. 거의
alone	ad. 혼자
along	ad. ~을 따라
aloud	ad. 큰소리로, 크게
already	ad. 이미, 벌써
always	ad. 항상
ambulance	n. 구급차
amusement park	n. 놀이공원
ancient	adj. 고대의

animation	n. 만화영화, 애니메이션
announcement	n. 안내
annual	adj. 연간의, 연례의
apartment	n. 아파트
apologize	v. 사과하다
apply	v. 적용하다
argue with	v. ~와 말다툼을 벌이다
around	ad. 약, ~쯤
around the world	세계 곳곳에
arrive	v. 도착하다
article	n. (신문, 잡지의) 기사
as soon as possible	되도록 빨리
ask for	v. 부탁하다, 요구하다
Atlantic Ocean	n. 대서양
Attention, please!	주목하세요, 알립니다
attraction	n. (관광)명소
author	n. 작가
autograph	n. 사인
autumn	n. 가을
available	adj. 이용할 수 있는
avenue	n. 거리, -가

B

backpack	n. 배낭
backyard	n. 뒷마당, 뒤뜰

badly	ad. 심하게, 몹시	board	n. 칠판
balance	n. 균형	board game	n. 보드게임
band	n. 밴드, 악단	bookmark	n. 책갈피
basil	n. 바질	bookstore	n. 서점
basketball	n. 농구	boring	adj. 재미없는, 지루한
bathroom	n. 화장실	born	adj. 태어난; 타고난
battle	n. 전투	borrow	v. 빌리다
bazaar	n. 바자회	bottle	n. 병
be afraid of	~을 두려워하다, 겁내다	bottom	n. 바닥, 맨 아래
be mad at	~에 화가 나다	branch	n. (나뭇)가지
be on time	시간을 지키다	brave	adj. 용감한
beast	n. 야수, 짐승	bring	v. 가져오다
because of	conj. ~ 때문에	broom	n. 빗자루
bedroom	n. 침실	brush	n. 붓
behind	pre. ~의 뒤에	bubble gum	n. 풍선 껌
beluga	n. 흰돌고래, 벨루가	buckle	v. (버클로) ~을 채우다
beneath	pre. ~의 아래에	build	v. 만들어내다, 짓다
best	adj. 최고의, 제일 좋은	building	n. 건물
bestseller	n. 베스트셀러, 인기상품	by	pre. ~ 까지, ~로[방법]
between	pre. ~사이에	by bus	버스로, 버스를 타고
biography	n. 전기	C	
birthday	n. 생일	calculate	v. 계산하다
block	v. 막다, 차단하다	call	v. ~라고 부르다
blow-dry	v. 드라이하다,	camp	n. 캠프

cancel	v. 취소하다	congratulate	v. 축하하다
candle	n. 양초	costume	n. 의상, 복장, 변장
catch	n. 캐치볼 놀이	cotton	n. 면, 목화
cause	v. ~를 발생시키다	cotton candy	n. 솜사탕
cave	n. 동굴	couch	n. 긴 의자, 소파
celebrate	v. 축하하다	coupon	n. 쿠폰, 할인권
cent	n. 센트	cousin	n. 사촌
check	v. 알아보다, 확인하다	crafts	n. 공예
children	n. 아이들	crayon	n. 크레용
chip	n. (감자)칩, 감자튀김	cross	v. 건너다, 가로지르다
clean	v. 청소하다	cucumber	n. 오이
clerk	n. 점원, 직원	culture	n. 문화
close	adj. 가까운, 비슷한	curvy	adj. 굴곡진
club	n. 동호회, 동아리, 클럽	customer	n. 고객, 손님
clubhouse	n. 클럽 회관	**D**	
clue	n. 단서	daily	adj. 나날의
coat	n. 외투, 코트	damage	n. 손상, 피해
collect	v. 모으다, 수집하다	damp	adj. 축축한, 눅눅한
college	n. 대학	dangerous	adj. 위험한
color	n. 색, 색깔	date	n. 데이트; 데이트 상대
comb	n. 빗	day off	쉬는 날
comedy	n. 코미디, 희극	decorate	v. 꾸미다, 장식하다
competition	n. 대회, 경쟁	delicious	adj. 맛있는
computer	n. 컴퓨터	dentist	n. 치과의사

desk	n. 책상	elementary	adj. 초보의, 초등의
detective	n. 탐정, 수사관, 형사	elementary school	n. 초등학교
develop	v. 개발하다	embarrassed	adj. 당황한
different	adj. 다른	end	v. 끝나다
dinner	n. 저녁 식사	enjoy	v. ~을 즐기다
discount	n. 할인	enter	v. 들어가다
Do you mind ~ing?	~해도 될까?	equation	n. 방정식
dollar	n. 달러	even	ad. 심지어
dolphin	n. 돌고래	everywhere	모든 곳, 어디나
dome	n. 돔, 반구형 지붕	exchange	v. 교환하다
double	adj. 두 배의, 두 개로 된	excited	adj. 신나는
draw	v. 그리다	exercise	v. 운동하다
drive	v. 태워다 주다	expensive	adj. 비싼
drum	n. 드럼, 북	extra	adj. 추가의, 여분의
drummer	n. 드럼 연주자	**F**	
dry	v. 말리다	fairy tale	n. 동화
dumpling	n. 만두	fall	v. 넘어지다
during	pre. ~ 동안	famous	adj. 유명한
dye	v. 염색하다	fashion	n. 패션
E		favorite	adj. 가장 좋아하는
each	ad. 각각, 각자	fee	n. 요금, 회비
each other	서로	field	n. 경기장
each year	매년	field trip	n. 현장 학습
edge	n. 끝, 가장자리	finger	n. 손가락

finish	v. 끝내다, 마치다	get on	~에 타다
finish ~ing	~을 끝내다	get some rest	(약간의) 휴식을 취하다
fix	v. 고치다	get up	일어나다
flavor	n. 맛	gift	n. 선물
float	v. 떠[흘러]가다, 떠돌다	glove	n. 장갑
flour	n. 밀가루	go shopping	쇼핑하러 가다
follow	v. 따르다	go skiing	스키를 타러 가다
follow rules	규칙을 따르다, 지키다	goggles	n. 고글
following	adj. ~의 다음에 나온	grab	v. 잡다, 붙잡다
forget	v. 잊다, 잊어버리다	grade	n. 성적
forget to do ~	~하는 것을 까먹다	graduate	v. 졸업하다
fountain	n. 분수	graduation	n. 졸업
free	adj. 무료의, 공짜의	grandparents	n. 조부모님
fresh	adj. 신선한	Great Britain	n. 대영제국
fried	adj. 튀긴	grocery store	n. 식료품점
front	n. 앞면, 앞쪽	group	n. 무리, 집단, 그룹
future	n. 미래	grow	v. 자라다

G

		grow up	성장하다
game	n. 게임, 경기, 시합	guitarist	n. 기타 연주자
genre	n. (예술 작품의) 장르		

H

get a haircut	머리를 자르다	half	n. 반, 절반
get dressed	옷을 입다, 차려 입다	Halloween	n. 핼러윈(10월 31일 밤)
get hit	맞다, 치이다	hamburger	n. 햄버거
get off	(버스 등에서) 내리다	hamster	n. 햄스터

hang (up)	v. 걸다
harvest	n. 추수
hat	n. 모자
hate	v. 싫어하다
have cold	감기에 걸리다
have some fun	즐거운 시간을 보내다
headache	n. 두통
health	n. 건강
hiking	n. 하이킹, 도보 여행
history	n. 역사
holiday	n. 휴가, 휴일
homemade	adj. 집에서 만든
homework	n. 숙제
hopefully	ad. 바라건대
horn	n. 뿔
horror	n. 공포, 공포물
hospital	n. 병원
How about you?	너는 어때?
how long	얼마나 오래
how often	얼마나 자주
how old	몇 살, 몇 년
how tall	얼마나 키가 큰
humid	adj. 습한
hurt	v. 다치다

I

I'd like to have	~를 먹고 싶다
important	adj. 중요한
in front of	~ 앞에
information	n. 정보
ingredient	n. 재료
inner	adj. 내부의
inside	pre. ~ 안에
instead	ad. 대신에
instead of	~ 대신에
interesting	adj. 재미있는
introduce	v. 소개하다
iron	v. 다리미질하다
island	n. 섬
it takes A to B	B를 하는 데 A만큼 걸리다

J

jelly bean	n. 젤리빈, 젤리 콩
join	v. ~에 가입하다
joke	n. 우스개, 농담
jungle	n. 밀림, 정글
just	ad. 방금, 막

K

keep in touch	연락하고 지내다
kindergarten	n. 유치원

kinds of	가지가지의	lots of	많은
kitchen	n. 부엌	loud	adj. 시끄러운
knot	n. 매듭	lower	adj. 더 낮은
L		luggage	n. 짐, 수화물
labor	n. 노동, 근로	**M**	
labor day	근로자의 날	make a friend	친구를 사귀다
laptop	n. 노트북 (컴퓨터)	make a mistake	실수하다
last	v. 지속되다, 계속되다	make sure	~을 확실히 하다
last night	어젯밤, 지난밤	mall	n. 쇼핑몰
later	ad. 나중에, 후에	manual	n. 설명서, 매뉴얼
laugh	v. 웃다	mark	n. 표시
laundry	n. 세탁물, 세탁한 것들	match	n. 경기, 시합; 맞수
leader	n. 리더, 지도자, 대표	math	n. 수학
leaf	n. (나뭇)잎	member	n. 구성원, 회원
leave	v. 떠나다, 남기다	membership	n. 회원 (자격, 신분)
leave for	~로 떠나다	mention	v. 언급하다
let go of	(손에 쥔) ~을 놓다	menu	n. 메뉴
library	n. 도서관	middle school	n. 중학교
limit	v. 제한하다	mid-term	adj. 중간의
location	n. 장소	million	n. 100만
lock	v. 잠그다	minute	n. (시간 단위의) 분
look	n. 겉모습, 외모, 매력	miss	v. 그리워하다
look for	~을 찾다, 구하다	mistake	n. 실수
lose	v. 잃어버리다	mix	v. 섞이다, 섞다

monster	n. 괴물	on top of	~ 위에
month	n. 달, 월	once	ad. 한 번
mostly	ad. 주로, 일반적으로	one-day	하루 동안의
move to	~로 이사하다	only	ad. 오직, 유일한
museum	n. 박물관	order	v. 주문하다
mushroom	n. 버섯	outdoor	adj. 야외의
musician	n. 음악가	outside	pre. 곁에, 밖으로

N

		outside of ~	~ 이외에, ~의 밖에
name	v. 이름을 붙이다	oven	n. 오븐
need to	~해야 한다	own	adj. 자신의

P

nervous	adj. 불안한, 초조한		
new	adj. 새로운	pack	v. (짐을) 싸다
New Year's	n. 신년, 1월 1일	paint	v. 칠하다
news	n. 소식, 뉴스	painting	n. 그림 그리기, 그림
next to	~ 옆에	panda	n. 판다 곰
noisy	adj. 시끄러운	parade	n. 퍼레이드, 거리행진
noodle	n. 국수	park	v. 주차하다
notebook	n. 공책	past	ad. ~을 지나서

O

		pay	v. 지불하다, 쓰다
observatory	n. 관측소	peacock	n. 공작
ocean	n. 해양	peanut	n. 땅콩
octopus	n. 문어	pencil	n. 연필
office	n. 사무실	people	n. 사람들
often	ad. 자주, 종종	per	pre. ~당, ~마다

performance	n. 공연	professional	adj. 전문적인, 프로의
perm	v. 파마하다, 파마	project	n. 과제, 연구 프로젝트
pet	v. 어루만지다, 쓰다듬다	proud	adj. 자랑스러운
pianist	n. 피아니스트	provide	v. 제공하다
picture book	n. 그림책	publish	v. 출판[발행]하다
piece	n. 한 작품, 한 점	pull out	~을 빼내다
pilot	n. 조종사, 비행사	punch	v. 주먹으로 치다
planner	n. 설계자, 계획자	purchase	v, 구입하다
plant	n. 식물	push	v. 밀다
play catch	캐치볼을 하다	put in	~을 넣다
playground	n. 운동장, 놀이터	Q	
pole	n. 막대기	quickly	ad. 빨리, 빠르게
pollution	n. 오염	quote	n. 인용구
pool	n. 수영장, 풀장; 웅덩이	R	
popular	adj. 인기 있는	rabbit	n. 토끼
pork	n. 돼지고기	raincoat	n. 우비
pork cutlet	n. 돈까스, 포크커틀릿	rarely	ad. 드물게
post office	n. 우체국	rat	n. 쥐
practice	n. 연습; v. 연습하다	react	v. 반응하다
prefer	v. ~을 선호하다	ready	adj. 준비된
present	n. 선물; v. 보여주다	receive	v. 받다
presentation	n. 제출, 제시	release	v, 공개하다, 풀어 주다
principal	n. 교장, 학장, 총장	report	n. 보고서
print	v. 인쇄하다, 프린트하다	report card	n. 성적표, 통지표

rich	adj. 풍부한; 부유한
ride	v. ~을 타다
ride a bicycle	자전거를 타다
robot	n. 로봇
rollercoaster	n. 롤러코스터
roof	n. 지붕
roommate	n. 룸메이트
route	n. 노선, 경로
routine	n. 일상
ruin	v. 망치다
rule	n. 규칙
ruler	n. 자
running late	늦어지고 있는
runny nose	콧물, 콧물이 흐르는 코

S

safari	n. 사파리 여행
safety instruction	안전 지침, 안전 수칙
sale	n. 판매, 세일
same	adj. 같은
sauce	n. 소스
scarf	n. 스카프, 목도리
schedule	n. 일정, 편성표
scientist	n. 과학자
seafood	n. 해산물

season	n. 시즌, 철, -기; 계절
seatbelt	n. 안전벨트, 안전띠
seem	v. ~인 것처럼 보이다
seldom	ad. 거의 ~않는
sell	v. 팔다
send	v. 보내다
set	n. 세트
several	det. 몇몇
sharp	adj. 날카로운; 급격한
shave	v. 면도하다, 면도
shop	n. 가게, 상점
short	adj. 짧은, 단편의
shorts	n. 반바지
show	n.쇼; v. 보여주다
shrimp	n. 새우
sign	n. 신호, 표시
similar	adj. 비슷한, 유사한
since then	그 이후로
sing	v. 노래하다
single	adj. 하나의, 단일의
size	n. 크기, 치수
sleep	v. 잠자다
slice	n. 조각, 부분
slope	n. 경사지, 비탈

soaking wet	흠뻑 젖은
sold out	매진된, 다 팔린
solve	v. 해결하다
sometimes	ad. 때때로, 가끔
soon	ad. 곧
sore	adj. 아픈
sour	adj. 신, 시큼한
south	n. 남쪽
spa	n. 온천, 스파
spaghetti	n. 스파게티
special	adj. 특별한
spend	v. 쓰다, 지불하다
spill	v. (실수로) 쏟다
spin	v. 돌다, 회전하다
sportswear	n. 운동복
squirrel	n. 다람쥐
stand	v. 일어서다
starfish	n. 불가사리
stick	n. 막대기
still	ad. 여전히, 아직
stop by	~에 잠시 들르다
store	n. 가게, 상점
storm	n. 폭풍, 폭풍우
straight	adj. 곧은, 똑바른

striped	adj. 줄무늬의
style	v. 스타일링 하다
sunblock	n. 자외선 차단제
supermarket	n. 슈퍼마켓
swim	v. 수영하다
swimming pool	n. 수영장
swimming suit	n. 수영복
swimsuit	n. 수영복

T

take a picture of	~의 사진을 찍다
take a walk	산책하다
take lessons	강습을 받다
take on	~를 태우다; ~를 떠맡다
take up	(시간, 공간)을 차지하다
talk	v. 대화하다
talk to	~에게 말하다
tall	adj. 높은, 키가 큰
tasty	adj. 맛있는
team	n. 팀, 단체, 조
telescope	n. 망원경
terrible	adj. 끔찍한
thanksgiving	n. 추수감사절
the day after	~의 다음 날
theater	n. 극장

throw	v. 던지다	under	pre. ~의 아래
ticket	n. 표, 입장권	unique	adj. 독특한, 특별한
till	pre. ~까지	upgrade	v. 업그레이드하다
title	v. 제목을 붙이다	used to	~하곤 했다
tonight	ad. 오늘 밤에	usually	ad. 보통, 대개
tooth	n. 이, 이빨	**V**	
toothbrush	n. 칫솔	vacation	n. 방학, 휴가
topping	n. 토핑, 표면장식	vegetarian	n. 채식주의자
tornado	n. 토네이도, 회오리바람	viewing	n. 보기, 조망, 감상
touching	adj. 감동적인	violent	adj. 난폭한, 격렬한
trade	v. 거래하다, 주고받다	violinist	n. 바이올린 연주자
train	v. 훈련하다	visit	v. 방문하다
travel	v. 여행하다	volcano	n. 화산
trip	v, 발을 헛디디다; n.여행	**W**	
trouble	n. 문제, 골칫거리	walk	n. 산책, 걷기
try	v. ~을 먹어보다, 해보다	wallet	n. 지갑
turn in	제출하다	war	n. 전쟁
turn off	~을 끄다	warm	adj. 따뜻한
turn on	~을 켜다	wavy	adj. 물결 모양의
turn out	(~로) 되다, 되어 가다	wear	v. ~을 입다
twice	ad. 두 번	wedding	n. 결혼식
type	n. 종류, 유형	week	n. 주, 일주일
U		weekend	n. 주말
UK	n. 영국	weigh	v. 무게가 ~이다

welcome	n. 환영
well-known	adj. 잘 알려진, 유명한
west	n. 서쪽
wet	adj. 젖은
What time is ~?	~는 몇 시야?
What's the big deal?	뭐가 그리 대단해?
while	conj. ~하는 동안
whole	adj. 전체의, 전부의
whose	(의문문에서) 누구의
Why don't we ~?	우리 ~하는 건 어때?
Why don't you ~?	~하는 게 어때?
win	v. 이기다
window	n. 창문
windy	adj. 바람이 많이 부는
wish	v. 바라다
work on	~를 (애써서) 하다
wrist	n. 손목

yell at	~에게 고함치다, 호통치다
yet	ad. 아직

zoo	n. 동물원

국제영어능력인증시험 (TOSEL)

BASIC

*연습을 위한 OMR 카드 샘플입니다.

국제토셀위원회

한글이름 / 감독확인

수 험 번 호

| (1) | 0 1 2 3 4 5 6 7 8 9 |
| (2) | 0 1 2 3 4 5 6 7 8 9 |

SECTION I

문항	A B C D	문항	A B C D
1	Ⓐ Ⓑ Ⓒ Ⓓ	16	Ⓐ Ⓑ Ⓒ Ⓓ
2	Ⓐ Ⓑ Ⓒ Ⓓ	17	Ⓐ Ⓑ Ⓒ Ⓓ
3	Ⓐ Ⓑ Ⓒ Ⓓ	18	Ⓐ Ⓑ Ⓒ Ⓓ
4	Ⓐ Ⓑ Ⓒ Ⓓ	19	Ⓐ Ⓑ Ⓒ Ⓓ
5	Ⓐ Ⓑ Ⓒ Ⓓ	20	Ⓐ Ⓑ Ⓒ Ⓓ
6	Ⓐ Ⓑ Ⓒ Ⓓ	21	Ⓐ Ⓑ Ⓒ Ⓓ
7	Ⓐ Ⓑ Ⓒ Ⓓ	22	Ⓐ Ⓑ Ⓒ Ⓓ
8	Ⓐ Ⓑ Ⓒ Ⓓ	23	Ⓐ Ⓑ Ⓒ Ⓓ
9	Ⓐ Ⓑ Ⓒ Ⓓ	24	Ⓐ Ⓑ Ⓒ Ⓓ
10	Ⓐ Ⓑ Ⓒ Ⓓ	25	Ⓐ Ⓑ Ⓒ Ⓓ
11	Ⓐ Ⓑ Ⓒ Ⓓ	26	Ⓐ Ⓑ Ⓒ Ⓓ
12	Ⓐ Ⓑ Ⓒ Ⓓ	27	Ⓐ Ⓑ Ⓒ Ⓓ
13	Ⓐ Ⓑ Ⓒ Ⓓ	28	Ⓐ Ⓑ Ⓒ Ⓓ
14	Ⓐ Ⓑ Ⓒ Ⓓ	29	Ⓐ Ⓑ Ⓒ Ⓓ
15	Ⓐ Ⓑ Ⓒ Ⓓ	30	Ⓐ Ⓑ Ⓒ Ⓓ

SECTION II

문항	A B C D	문항	A B C D
1	Ⓐ Ⓑ Ⓒ Ⓓ	16	Ⓐ Ⓑ Ⓒ Ⓓ
2	Ⓐ Ⓑ Ⓒ Ⓓ	17	Ⓐ Ⓑ Ⓒ Ⓓ
3	Ⓐ Ⓑ Ⓒ Ⓓ	18	Ⓐ Ⓑ Ⓒ Ⓓ
4	Ⓐ Ⓑ Ⓒ Ⓓ	19	Ⓐ Ⓑ Ⓒ Ⓓ
5	Ⓐ Ⓑ Ⓒ Ⓓ	20	Ⓐ Ⓑ Ⓒ Ⓓ
6	Ⓐ Ⓑ Ⓒ Ⓓ	21	Ⓐ Ⓑ Ⓒ Ⓓ
7	Ⓐ Ⓑ Ⓒ Ⓓ	22	Ⓐ Ⓑ Ⓒ Ⓓ
8	Ⓐ Ⓑ Ⓒ Ⓓ	23	Ⓐ Ⓑ Ⓒ Ⓓ
9	Ⓐ Ⓑ Ⓒ Ⓓ	24	Ⓐ Ⓑ Ⓒ Ⓓ
10	Ⓐ Ⓑ Ⓒ Ⓓ	25	Ⓐ Ⓑ Ⓒ Ⓓ
11	Ⓐ Ⓑ Ⓒ Ⓓ	26	Ⓐ Ⓑ Ⓒ Ⓓ
12	Ⓐ Ⓑ Ⓒ Ⓓ	27	Ⓐ Ⓑ Ⓒ Ⓓ
13	Ⓐ Ⓑ Ⓒ Ⓓ	28	Ⓐ Ⓑ Ⓒ Ⓓ
14	Ⓐ Ⓑ Ⓒ Ⓓ	29	Ⓐ Ⓑ Ⓒ Ⓓ
15	Ⓐ Ⓑ Ⓒ Ⓓ	30	Ⓐ Ⓑ Ⓒ Ⓓ

주의사항

1. 수험번호 및 답안은 검은색 사인펜을 사용해서 <보기>와 같이 표기합니다.
   <보기> 바른표기 : ● 틀린표기 : ⊗ ⊙ ◑ ◍
2. 수험번호 (1)에는 아라비아 숫자로 쓰고, (2)에는 해당란에 ● 표기합니다.
3. 답안 수정은 수정테이프로 흔적을 깨끗이 지웁니다.
4. 수험번호 및 답안 작성란 이외의 여백에 낙서를 하지 마시기 바랍니다. 이로 인한 불이익은 수험자 본인 책임입니다.
5. 마킹오류로 채점 불가능한 답안은 0점 처리되오니, 이점 유의하시기 바랍니다.

국제영어능력인증시험 (TOSEL)

* 연습을 위한 OMR 카드 샘플입니다.

국제토셀위원회

BASIC

한글이름		감독확인	

수 험 번 호

(1)		—	

수험번호 digits: 0 1 2 3 4 5 6 7 8 9

| (2) | | — | |

SECTION I

문항	A B C D	문항	A B C D
1	Ⓐ Ⓑ Ⓒ Ⓓ	16	Ⓐ Ⓑ Ⓒ Ⓓ
2	Ⓐ Ⓑ Ⓒ Ⓓ	17	Ⓐ Ⓑ Ⓒ Ⓓ
3	Ⓐ Ⓑ Ⓒ Ⓓ	18	Ⓐ Ⓑ Ⓒ Ⓓ
4	Ⓐ Ⓑ Ⓒ Ⓓ	19	Ⓐ Ⓑ Ⓒ Ⓓ
5	Ⓐ Ⓑ Ⓒ Ⓓ	20	Ⓐ Ⓑ Ⓒ Ⓓ
6	Ⓐ Ⓑ Ⓒ Ⓓ	21	Ⓐ Ⓑ Ⓒ Ⓓ
7	Ⓐ Ⓑ Ⓒ Ⓓ	22	Ⓐ Ⓑ Ⓒ Ⓓ
8	Ⓐ Ⓑ Ⓒ Ⓓ	23	Ⓐ Ⓑ Ⓒ Ⓓ
9	Ⓐ Ⓑ Ⓒ Ⓓ	24	Ⓐ Ⓑ Ⓒ Ⓓ
10	Ⓐ Ⓑ Ⓒ Ⓓ	25	Ⓐ Ⓑ Ⓒ Ⓓ
11	Ⓐ Ⓑ Ⓒ Ⓓ	26	Ⓐ Ⓑ Ⓒ Ⓓ
12	Ⓐ Ⓑ Ⓒ Ⓓ	27	Ⓐ Ⓑ Ⓒ Ⓓ
13	Ⓐ Ⓑ Ⓒ Ⓓ	28	Ⓐ Ⓑ Ⓒ Ⓓ
14	Ⓐ Ⓑ Ⓒ Ⓓ	29	Ⓐ Ⓑ Ⓒ Ⓓ
15	Ⓐ Ⓑ Ⓒ Ⓓ	30	Ⓐ Ⓑ Ⓒ Ⓓ

SECTION II

문항	A B C D	문항	A B C D
1	Ⓐ Ⓑ Ⓒ Ⓓ	16	Ⓐ Ⓑ Ⓒ Ⓓ
2	Ⓐ Ⓑ Ⓒ Ⓓ	17	Ⓐ Ⓑ Ⓒ Ⓓ
3	Ⓐ Ⓑ Ⓒ Ⓓ	18	Ⓐ Ⓑ Ⓒ Ⓓ
4	Ⓐ Ⓑ Ⓒ Ⓓ	19	Ⓐ Ⓑ Ⓒ Ⓓ
5	Ⓐ Ⓑ Ⓒ Ⓓ	20	Ⓐ Ⓑ Ⓒ Ⓓ
6	Ⓐ Ⓑ Ⓒ Ⓓ	21	Ⓐ Ⓑ Ⓒ Ⓓ
7	Ⓐ Ⓑ Ⓒ Ⓓ	22	Ⓐ Ⓑ Ⓒ Ⓓ
8	Ⓐ Ⓑ Ⓒ Ⓓ	23	Ⓐ Ⓑ Ⓒ Ⓓ
9	Ⓐ Ⓑ Ⓒ Ⓓ	24	Ⓐ Ⓑ Ⓒ Ⓓ
10	Ⓐ Ⓑ Ⓒ Ⓓ	25	Ⓐ Ⓑ Ⓒ Ⓓ
11	Ⓐ Ⓑ Ⓒ Ⓓ	26	Ⓐ Ⓑ Ⓒ Ⓓ
12	Ⓐ Ⓑ Ⓒ Ⓓ	27	Ⓐ Ⓑ Ⓒ Ⓓ
13	Ⓐ Ⓑ Ⓒ Ⓓ	28	Ⓐ Ⓑ Ⓒ Ⓓ
14	Ⓐ Ⓑ Ⓒ Ⓓ	29	Ⓐ Ⓑ Ⓒ Ⓓ
15	Ⓐ Ⓑ Ⓒ Ⓓ	30	Ⓐ Ⓑ Ⓒ Ⓓ

주의사항

1. 수험번호 및 답안은 검은색 사인펜을 사용해서 〈보기〉와 같이 표기합니다.
   〈보기〉 바른표기 : ●
   틀린표기 : ⊙ ⊗ ◑ ◉

2. 수험번호(1)에는 아라비아 숫자로 쓰고, (2)에는 해당란에 ● 표기합니다.

3. 답안 수정은 수정테이프로 흔적을 깨끗이 지웁니다.

4. 수험번호 및 답안 작성란 이외의 여백에 낙서를 하지 마시기 바랍니다. 이로 인한 불이익은 수험자 본인 책임입니다.

5. 마킹오류로 채점 불가능한 답안은 0점 처리되오니, 이점 유의하시기 바랍니다.

국제영어능력인증시험 (TOSEL)

국제토셀위원회

*연습을 위한 OMR 카드 샘플입니다.

BASIC

한글이름

감독확인

SECTION I

문항	A	B	C	D
1	Ⓐ	Ⓑ	Ⓒ	Ⓓ
2	Ⓐ	Ⓑ	Ⓒ	Ⓓ
3	Ⓐ	Ⓑ	Ⓒ	Ⓓ
4	Ⓐ	Ⓑ	Ⓒ	Ⓓ
5	Ⓐ	Ⓑ	Ⓒ	Ⓓ
6	Ⓐ	Ⓑ	Ⓒ	Ⓓ
7	Ⓐ	Ⓑ	Ⓒ	Ⓓ
8	Ⓐ	Ⓑ	Ⓒ	Ⓓ
9	Ⓐ	Ⓑ	Ⓒ	Ⓓ
10	Ⓐ	Ⓑ	Ⓒ	Ⓓ
11	Ⓐ	Ⓑ	Ⓒ	Ⓓ
12	Ⓐ	Ⓑ	Ⓒ	Ⓓ
13	Ⓐ	Ⓑ	Ⓒ	Ⓓ
14	Ⓐ	Ⓑ	Ⓒ	Ⓓ
15	Ⓐ	Ⓑ	Ⓒ	Ⓓ

문항	A	B	C	D
16	Ⓐ	Ⓑ	Ⓒ	Ⓓ
17	Ⓐ	Ⓑ	Ⓒ	Ⓓ
18	Ⓐ	Ⓑ	Ⓒ	Ⓓ
19	Ⓐ	Ⓑ	Ⓒ	Ⓓ
20	Ⓐ	Ⓑ	Ⓒ	Ⓓ
21	Ⓐ	Ⓑ	Ⓒ	Ⓓ
22	Ⓐ	Ⓑ	Ⓒ	Ⓓ
23	Ⓐ	Ⓑ	Ⓒ	Ⓓ
24	Ⓐ	Ⓑ	Ⓒ	Ⓓ
25	Ⓐ	Ⓑ	Ⓒ	Ⓓ
26	Ⓐ	Ⓑ	Ⓒ	Ⓓ
27	Ⓐ	Ⓑ	Ⓒ	Ⓓ
28	Ⓐ	Ⓑ	Ⓒ	Ⓓ
29	Ⓐ	Ⓑ	Ⓒ	Ⓓ
30	Ⓐ	Ⓑ	Ⓒ	Ⓓ

SECTION II

문항	A	B	C	D
1	Ⓐ	Ⓑ	Ⓒ	Ⓓ
2	Ⓐ	Ⓑ	Ⓒ	Ⓓ
3	Ⓐ	Ⓑ	Ⓒ	Ⓓ
4	Ⓐ	Ⓑ	Ⓒ	Ⓓ
5	Ⓐ	Ⓑ	Ⓒ	Ⓓ
6	Ⓐ	Ⓑ	Ⓒ	Ⓓ
7	Ⓐ	Ⓑ	Ⓒ	Ⓓ
8	Ⓐ	Ⓑ	Ⓒ	Ⓓ
9	Ⓐ	Ⓑ	Ⓒ	Ⓓ
10	Ⓐ	Ⓑ	Ⓒ	Ⓓ
11	Ⓐ	Ⓑ	Ⓒ	Ⓓ
12	Ⓐ	Ⓑ	Ⓒ	Ⓓ
13	Ⓐ	Ⓑ	Ⓒ	Ⓓ
14	Ⓐ	Ⓑ	Ⓒ	Ⓓ
15	Ⓐ	Ⓑ	Ⓒ	Ⓓ

문항	A	B	C	D
16	Ⓐ	Ⓑ	Ⓒ	Ⓓ
17	Ⓐ	Ⓑ	Ⓒ	Ⓓ
18	Ⓐ	Ⓑ	Ⓒ	Ⓓ
19	Ⓐ	Ⓑ	Ⓒ	Ⓓ
20	Ⓐ	Ⓑ	Ⓒ	Ⓓ
21	Ⓐ	Ⓑ	Ⓒ	Ⓓ
22	Ⓐ	Ⓑ	Ⓒ	Ⓓ
23	Ⓐ	Ⓑ	Ⓒ	Ⓓ
24	Ⓐ	Ⓑ	Ⓒ	Ⓓ
25	Ⓐ	Ⓑ	Ⓒ	Ⓓ
26	Ⓐ	Ⓑ	Ⓒ	Ⓓ
27	Ⓐ	Ⓑ	Ⓒ	Ⓓ
28	Ⓐ	Ⓑ	Ⓒ	Ⓓ
29	Ⓐ	Ⓑ	Ⓒ	Ⓓ
30	Ⓐ	Ⓑ	Ⓒ	Ⓓ

수 험 번 호

(숫자 마킹란: 0 1 2 3 4 5 6 7 8 9)

(1) (2)

주의사항

1. 수험번호 및 답안은 검은색 사인펜을 사용해서 〈보기〉와 같이 표기합니다.
   〈보기〉 바른표기 : ● 틀린표기 : ◐ ⊙ ⊗ ◑
2. 수험번호(1)에는 아라비아 숫자로 쓰고, (2)에는 해당란에 ● 표기합니다.
3. 답안 수정은 수정 테이프로 흔적을 깨끗이 지웁니다.
4. 수험번호 및 답안 작성란 이외의 여백에 낙서를 하지 마시기 바랍니다. 이로 인한 불이익은 수험자 본인 책임입니다.
5. 마킹오류로 채점 불가능한 답안은 0점 처리되오니, 이점 유의하시기 바랍니다.

국제영어능력인증시험 (TOSEL)

국제토셀위원회

BASIC

한글이름

감독확인

수 험 번 호

(1)								
⓪ ① ② ③ ④ ⑤ ⑥ ⑦ ⑧ ⑨	⓪ ① ② ③ ④ ⑤ ⑥ ⑦ ⑧ ⑨	⓪ ① ② ③ ④ ⑤ ⑥ ⑦ ⑧ ⑨	⓪ ① ② ③ ④ ⑤ ⑥ ⑦ ⑧ ⑨	⓪ ① ② ③ ④ ⑤ ⑥ ⑦ ⑧ ⑨	⓪ ① ② ③ ④ ⑤ ⑥ ⑦ ⑧ ⑨	⓪ ① ② ③ ④ ⑤ ⑥ ⑦ ⑧ ⑨	⓪ ① ② ③ ④ ⑤ ⑥ ⑦ ⑧ ⑨	⓪ ① ② ③ ④ ⑤ ⑥ ⑦ ⑧ ⑨

(2)

SECTION I

문항	A B C D	문항	A B C D
1	Ⓐ Ⓑ Ⓒ Ⓓ	16	Ⓐ Ⓑ Ⓒ Ⓓ
2	Ⓐ Ⓑ Ⓒ Ⓓ	17	Ⓐ Ⓑ Ⓒ Ⓓ
3	Ⓐ Ⓑ Ⓒ Ⓓ	18	Ⓐ Ⓑ Ⓒ Ⓓ
4	Ⓐ Ⓑ Ⓒ Ⓓ	19	Ⓐ Ⓑ Ⓒ Ⓓ
5	Ⓐ Ⓑ Ⓒ Ⓓ	20	Ⓐ Ⓑ Ⓒ Ⓓ
6	Ⓐ Ⓑ Ⓒ Ⓓ	21	Ⓐ Ⓑ Ⓒ Ⓓ
7	Ⓐ Ⓑ Ⓒ Ⓓ	22	Ⓐ Ⓑ Ⓒ Ⓓ
8	Ⓐ Ⓑ Ⓒ Ⓓ	23	Ⓐ Ⓑ Ⓒ Ⓓ
9	Ⓐ Ⓑ Ⓒ Ⓓ	24	Ⓐ Ⓑ Ⓒ Ⓓ
10	Ⓐ Ⓑ Ⓒ Ⓓ	25	Ⓐ Ⓑ Ⓒ Ⓓ
11	Ⓐ Ⓑ Ⓒ Ⓓ	26	Ⓐ Ⓑ Ⓒ Ⓓ
12	Ⓐ Ⓑ Ⓒ Ⓓ	27	Ⓐ Ⓑ Ⓒ Ⓓ
13	Ⓐ Ⓑ Ⓒ Ⓓ	28	Ⓐ Ⓑ Ⓒ Ⓓ
14	Ⓐ Ⓑ Ⓒ Ⓓ	29	Ⓐ Ⓑ Ⓒ Ⓓ
15	Ⓐ Ⓑ Ⓒ Ⓓ	30	Ⓐ Ⓑ Ⓒ Ⓓ

SECTION II

문항	A B C D	문항	A B C D
1	Ⓐ Ⓑ Ⓒ Ⓓ	16	Ⓐ Ⓑ Ⓒ Ⓓ
2	Ⓐ Ⓑ Ⓒ Ⓓ	17	Ⓐ Ⓑ Ⓒ Ⓓ
3	Ⓐ Ⓑ Ⓒ Ⓓ	18	Ⓐ Ⓑ Ⓒ Ⓓ
4	Ⓐ Ⓑ Ⓒ Ⓓ	19	Ⓐ Ⓑ Ⓒ Ⓓ
5	Ⓐ Ⓑ Ⓒ Ⓓ	20	Ⓐ Ⓑ Ⓒ Ⓓ
6	Ⓐ Ⓑ Ⓒ Ⓓ	21	Ⓐ Ⓑ Ⓒ Ⓓ
7	Ⓐ Ⓑ Ⓒ Ⓓ	22	Ⓐ Ⓑ Ⓒ Ⓓ
8	Ⓐ Ⓑ Ⓒ Ⓓ	23	Ⓐ Ⓑ Ⓒ Ⓓ
9	Ⓐ Ⓑ Ⓒ Ⓓ	24	Ⓐ Ⓑ Ⓒ Ⓓ
10	Ⓐ Ⓑ Ⓒ Ⓓ	25	Ⓐ Ⓑ Ⓒ Ⓓ
11	Ⓐ Ⓑ Ⓒ Ⓓ	26	Ⓐ Ⓑ Ⓒ Ⓓ
12	Ⓐ Ⓑ Ⓒ Ⓓ	27	Ⓐ Ⓑ Ⓒ Ⓓ
13	Ⓐ Ⓑ Ⓒ Ⓓ	28	Ⓐ Ⓑ Ⓒ Ⓓ
14	Ⓐ Ⓑ Ⓒ Ⓓ	29	Ⓐ Ⓑ Ⓒ Ⓓ
15	Ⓐ Ⓑ Ⓒ Ⓓ	30	Ⓐ Ⓑ Ⓒ Ⓓ

주의사항

1. 수험번호 및 답안은 검은색 사인펜을 사용해서 <보기>와 같이 표기합니다.
   <보기> 바른표기 : ● 틀린표기 : ◐ ⊗ ◉ ◍

2. 수험번호(1)에는 아라비아 숫자로 쓰고, (2)에는 해당란에 표기합니다.

3. 답안 수정은 수정 테이프로 흔적을 깨끗이 지웁니다.

4. 수험번호 및 답안 작성란 이외의 여백에 낙서를 하지 마시기 바랍니다. 이로 인한 불이익은 수험자 본인 책임입니다.

5. 마킹오류로 채점 불가능한 답안은 0점 처리되오니, 이점 유의하시기 바랍니다.

국제영어능력인증시험 (TOSEL)

*연습을 위한 OMR 카드 샘플입니다.

BASIC

한글이름

감독확인

SECTION I

문항	A	B	C	D	문항	A	B	C	D
1	Ⓐ	Ⓑ	Ⓒ	Ⓓ	16	Ⓐ	Ⓑ	Ⓒ	Ⓓ
2	Ⓐ	Ⓑ	Ⓒ	Ⓓ	17	Ⓐ	Ⓑ	Ⓒ	Ⓓ
3	Ⓐ	Ⓑ	Ⓒ	Ⓓ	18	Ⓐ	Ⓑ	Ⓒ	Ⓓ
4	Ⓐ	Ⓑ	Ⓒ	Ⓓ	19	Ⓐ	Ⓑ	Ⓒ	Ⓓ
5	Ⓐ	Ⓑ	Ⓒ	Ⓓ	20	Ⓐ	Ⓑ	Ⓒ	Ⓓ
6	Ⓐ	Ⓑ	Ⓒ	Ⓓ	21	Ⓐ	Ⓑ	Ⓒ	Ⓓ
7	Ⓐ	Ⓑ	Ⓒ	Ⓓ	22	Ⓐ	Ⓑ	Ⓒ	Ⓓ
8	Ⓐ	Ⓑ	Ⓒ	Ⓓ	23	Ⓐ	Ⓑ	Ⓒ	Ⓓ
9	Ⓐ	Ⓑ	Ⓒ	Ⓓ	24	Ⓐ	Ⓑ	Ⓒ	Ⓓ
10	Ⓐ	Ⓑ	Ⓒ	Ⓓ	25	Ⓐ	Ⓑ	Ⓒ	Ⓓ
11	Ⓐ	Ⓑ	Ⓒ	Ⓓ	26	Ⓐ	Ⓑ	Ⓒ	Ⓓ
12	Ⓐ	Ⓑ	Ⓒ	Ⓓ	27	Ⓐ	Ⓑ	Ⓒ	Ⓓ
13	Ⓐ	Ⓑ	Ⓒ	Ⓓ	28	Ⓐ	Ⓑ	Ⓒ	Ⓓ
14	Ⓐ	Ⓑ	Ⓒ	Ⓓ	29	Ⓐ	Ⓑ	Ⓒ	Ⓓ
15	Ⓐ	Ⓑ	Ⓒ	Ⓓ	30	Ⓐ	Ⓑ	Ⓒ	Ⓓ

SECTION II

문항	A	B	C	D	문항	A	B	C	D
1	Ⓐ	Ⓑ	Ⓒ	Ⓓ	16	Ⓐ	Ⓑ	Ⓒ	Ⓓ
2	Ⓐ	Ⓑ	Ⓒ	Ⓓ	17	Ⓐ	Ⓑ	Ⓒ	Ⓓ
3	Ⓐ	Ⓑ	Ⓒ	Ⓓ	18	Ⓐ	Ⓑ	Ⓒ	Ⓓ
4	Ⓐ	Ⓑ	Ⓒ	Ⓓ	19	Ⓐ	Ⓑ	Ⓒ	Ⓓ
5	Ⓐ	Ⓑ	Ⓒ	Ⓓ	20	Ⓐ	Ⓑ	Ⓒ	Ⓓ
6	Ⓐ	Ⓑ	Ⓒ	Ⓓ	21	Ⓐ	Ⓑ	Ⓒ	Ⓓ
7	Ⓐ	Ⓑ	Ⓒ	Ⓓ	22	Ⓐ	Ⓑ	Ⓒ	Ⓓ
8	Ⓐ	Ⓑ	Ⓒ	Ⓓ	23	Ⓐ	Ⓑ	Ⓒ	Ⓓ
9	Ⓐ	Ⓑ	Ⓒ	Ⓓ	24	Ⓐ	Ⓑ	Ⓒ	Ⓓ
10	Ⓐ	Ⓑ	Ⓒ	Ⓓ	25	Ⓐ	Ⓑ	Ⓒ	Ⓓ
11	Ⓐ	Ⓑ	Ⓒ	Ⓓ	26	Ⓐ	Ⓑ	Ⓒ	Ⓓ
12	Ⓐ	Ⓑ	Ⓒ	Ⓓ	27	Ⓐ	Ⓑ	Ⓒ	Ⓓ
13	Ⓐ	Ⓑ	Ⓒ	Ⓓ	28	Ⓐ	Ⓑ	Ⓒ	Ⓓ
14	Ⓐ	Ⓑ	Ⓒ	Ⓓ	29	Ⓐ	Ⓑ	Ⓒ	Ⓓ
15	Ⓐ	Ⓑ	Ⓒ	Ⓓ	30	Ⓐ	Ⓑ	Ⓒ	Ⓓ

수 험 번 호

(1)

0	1	2	3	4	5	6	7	8	9
0	1	2	3	4	5	6	7	8	9
0	1	2	3	4	5	6	7	8	9
0	1	2	3	4	5	6	7	8	9

(2)

0	1	2	3	4	5	6	7	8	9
0	1	2	3	4	5	6	7	8	9
0	1	2	3	4	5	6	7	8	9
0	1	2	3	4	5	6	7	8	9

주의사항

1. 수험번호 및 답안은 검은색 사인펜을 사용해서 〈보기〉와 같이 표기합니다.
   〈보기〉 바른표기 : ● 틀린표기 : ⊗ ⊙ ◑

2. 수험번호(1)에는 아라비아 숫자로 쓰고, (2)에는 해당란에 ● 표기합니다.

3. 답안 수정은 수정 테이프로 흔적을 깨끗이 지웁니다.

4. 수험번호 및 답안 작성란 이외의 여백에 낙서를 하지 마시기 바랍니다. 이로 인한 불이익은 수험자 본인 책임입니다.

5. 마킹오류로 채점 불가능한 답안은 0점 처리되오니, 이점 유의하시기 바랍니다.

TOSEL® Lab
국제토셀위원회 지정교육기관

공동기획
- 고려대학교 문과대학 언어정보연구소
- 국제토셀위원회

TOSEL Lab 국제토셀위원회 지정교육기관이란?

국내외 15,000여 개 학교·학원 단체응시인원 중 엄선한 100만 명 이상의 실제 TOSEL 성적 데이터와,
정부(과학기술정보통신부)의 AI 바우처 지원 사업 수행기관 선정으로 개발된 맞춤식 AI 빅데이터 기반 영어성장 플랫폼입니다.

진단평가를 통한 올바른 영어학습 방향 제시를 잘 할 수 있는 전국의 학원 및 단체를 찾아,
TOSEL Lab 지정교육기관으로 선정합니다. 선정된 기관들에게는 아래의 초도물품이 제공됩니다.

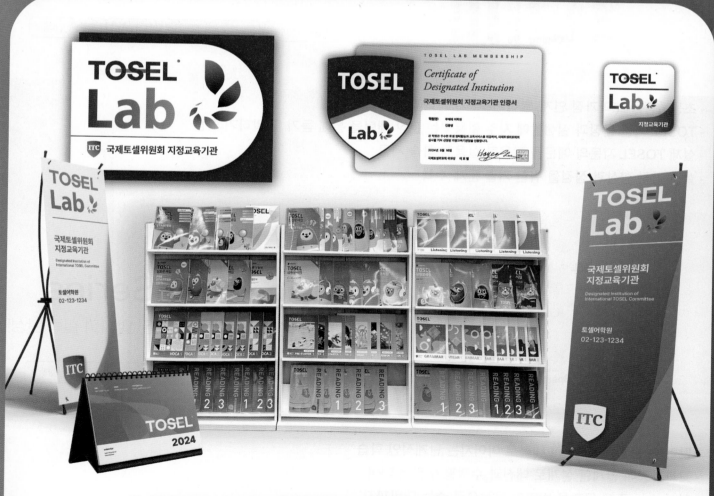

※ TOSEL Lab 지정교육기관에 제공되는 초도물품

Reading Series

내신과 **토셀 고득점**을 한꺼번에

Pre-Starter Starter Basic Junior High-Junior

- 각 단원 학습 도입부에 주제와 관련된 이미지를 통한 말하기 연습
- 각 Unit 별 4-6개의 목표 단어 제시, 그림 또는 영문으로 단어 뜻을 제공하여 독해 학습 전 단어 숙지
- 독해&실용문 연습을 위한 지문과 Comprehension 문항을 10개씩 수록하여 이해도 확인 및 진단
- 숙지한 독해 지문을 원어민 음성으로 들으며 듣기 학습 , 듣기 전, 듣기 중, 듣기 후 학습 커리큘럼 마련

Listening Series

한국 학생들에게 최적화된 듣기 실력 완성!

Pre-Starter Starter Basic Junior High-Junior

- 초등 / 중등 교과과정 연계 말하기&듣기 학습과 세분화된 레벨
- TOSEL 기출 문장과 실생활에 자주 활용되는 문장 패턴을 통해 듣기 및 말하기 학습
- 실제 TOSEL 지문의 예문을 활용한 실용적 학습 제공
- 실전 감각 향상과 점검을 위한 기출 문제 수록

Speaking Series

한국 학생들에게 최적화된 말하기 실력 완성!

Pre-Starter Starter Basic Junior High-Junior

- 단어 → 문법 → 표현 → 대화로 이어지는 단계적인 학습
- 교과과정에 연계한 설계로 내신과 수행평가 완벽 대비
- 최신 수능 출제 문항을 반영한 문장으로 수능 대비까지
- 전국 Speaking 올림피아드 공식 대비 교재

Grammar Series

체계적인 단계별 **문법 지침서**

Pre-Starter | Starter | Basic | Junior | High-Junior

- 초등 / 중등 교과과정 연계 문법 학습과 세분화된 레벨
- TOSEL 기출 문제 연습과 최신 수능 출제 문법을 포함하여 수능 / 내신 대비 가능
- 이해하기 쉬운 그림, 깔끔하게 정리된 표와 설명, 다양한 문제를 통해 문법 학습
- 실전 감각 향상과 점검을 위한 기출 문제 수록

Voca Series

학년별 꼭 알아야하는 **단어 수록!**

Pre-Starter | Starter | Basic | Junior | High-Junior

- 각 단어 학습 도입부에 주제와 관련된 이미지를 통한 말하기 연습
- TOSEL 시험을 기준으로 빈출 지표를 활용한 예문과 문제 구성
- 실제 TOSEL 지문의 예문을 활용한 실용적 학습 제공
- 실전 감각 향상과 점검을 위한 실전 문제 수록

Story Series

읽는 재미에 실력까지 **동시에!**

Pre-Starter | Starter | Basic | Junior

- 초등 / 중등 교과과정 연계 영어 학습과 세분화된 레벨
- 이야기 지문과 단어를 함께 연결지어 학생들의 독해 능력을 평가
- 이해하기 쉬운 그림, 깔끔하게 정리된 표와 설명, 다양한 문제, 재미있는 스토리를 통한 독해 학습
- 다양한 단계의 문항을 풀어보고 학생들의 읽기, 듣기, 쓰기, 말하기 실력을 집중적으로 향상

TOSEL Lab 에는 어떤 콘텐츠가 있나요?

진단
맞춤형 레벨테스트로 정확한 평가 제공

응시자 빅데이터 분석에 기반한 테스트로 신규 상담 학생의 영어능력을 정확하게 진단하고 효과적인 영어 교육을 실시하기 위한 객관적인 가이드라인을 제공합니다.

교재
세분화된 레벨로 실력에 맞는 학습 제공

TOSEL의 세분화된 교재 레벨은 각 연령에 맞는 어휘와 읽기 지능 및 교과 과정과의 연계가 가능하도록 설계된 교재들로 효과적인 학습 커리큘럼을 제공합니다.

학습
다양한 교재연계 콘텐츠로 효과적인 자기주도학습

TOSEL 시험을 대비한 다양한 콘텐츠를 제공해 영어 학습에 시너지 효과를 기대할 수 있으며, 학생들의 자기주도 학습 습관을 더 탄탄하게 키울 수 있습니다.

교재를 100% 활용하는 TOSEL Lab 지정교육기관의 노하우!

Teaching Materials

TOSEL에서 제공하는 수업 자료로 교재 학습을 더욱 효과적으로 진행!

Study Content

철저한 자기주도학습 콘텐츠로 교재 수업 후 효과적인 복습!

Test Content

교재 학습과 더불어 학생 맞춤형 시험으로 실력 점검 및 향상

100만 명으로 엄선된 TOSEL 성적 데이터로 탄생!

TOSEL Lab 지정교육기관을 위한 콘텐츠로 더욱 효과적인 수업을 경험하세요.

국제토셀위원회는 TOSEL Lab 지정교육기관에서 교재로 수업하는 학원을 위해 교재를 잘 활용할 수 있는 다양한 콘텐츠를 제공 및 지원합니다.

TOSEL Lab 지정교육기관은

국제토셀위원회 직속 TOSEL연구소에서 20년 동안 보유해온 전국 15,000여 개 교육기관 토셀 응시자들의 영어성적 분석데이터를 공유받아, 통계를 기반으로 한 전문적이고 과학적인 커리큘럼을 설계하고, 영어학습 방향을 제시하여, 경쟁력있는 기관, 잘 가르치는 기관으로 해당 지역에서 입지를 다지게 됩니다.

TOSEL Lab 지정교육기관으로 선정되기 위해서는 소정의 심사 절차가 수반됩니다.

TOSEL Lab 심사신청

국제토셀위원회

TOSEL
심화문제집

BASIC
정답 및 해설

TOSEL®
심화문제집

BASIC
정답 및 해설

TOSEL BASIC

심화 1회

Section I Listening and Speaking

1 **(A)** 2 **(B)** 3 **(C)** 4 **(D)** 5 **(D)**
6 **(C)** 7 **(C)** 8 **(D)** 9 **(C)** 10 **(D)**
11 **(B)** 12 **(D)** 13 **(C)** 14 **(D)** 15 **(B)**
16 **(C)** 17 **(A)** 18 **(B)** 19 **(B)** 20 **(D)**
21 **(C)** 22 **(A)** 23 **(C)** 24 **(C)** 25 **(D)**
26 **(D)** 27 **(D)** 28 **(C)** 29 **(D)** 30 **(B)**

Section II Reading and Writing

1 **(C)** 2 **(D)** 3 **(C)** 4 **(D)** 5 **(C)**
6 **(C)** 7 **(A)** 8 **(D)** 9 **(C)** 10 **(B)**
11 **(A)** 12 **(A)** 13 **(C)** 14 **(C)** 15 **(A)**
16 **(B)** 17 **(A)** 18 **(C)** 19 **(B)** 20 **(B)**
21 **(D)** 22 **(C)** 23 **(A)** 24 **(A)** 25 **(B)**
26 **(C)** 27 **(A)** 28 **(D)** 29 **(A)** 30 **(D)**

SECTION I LISTENING AND SPEAKING

Part A. Listen and Recognize (p.12)

1. B: A girl is riding a bicycle.
   (A)
해석 소년: 소녀가 자전거를 타고 있다.
풀이 소녀가 자전거를 타는 그림 (A)가 답이다.
Words and Phrases ride a bicycle 자전거를 타다

2. G: There is a computer on the desk.
   (B)
해석 소녀: 책상 위에 컴퓨터가 있다.
풀이 책상 위에 컴퓨터가 있는 그림 (B)가 답이다.

3. B: My father is a dentist.
   (C)
해석 소년: 우리 아버지는 치과의사이다.
풀이 치과의사가 있는 그림 (C)가 답이다.

4. G: The monster is blue and has one eye.
   (D)
해석 소녀: 괴물은 푸른색이고 눈이 하나 있다.
풀이 눈이 하나 달린 푸른색 괴물이 있는 그림 (D)가 답이다.

5. B: Harry is playing with a ball.
   (D)
해석 소년: Harry가 공을 갖고 놀고 있다.
풀이 소년이 축구공을 갖고 놀고 있는 그림 (D)가 답이다.

PART B. Listen and Respond (p.14)

6. G: When is your birthday?
   B: _____
   (A) It was great!
   (B) It's ten dollars.
   (C) It's on Thursday.
   (D) It's in the ice cream store.
해석 소녀: 너 생일이 언제야?
   소년: _____
   (A) 좋았어!
   (B) 10달러야.
   (C) 목요일이야.
   (D) 아이스크림 가게에 있어.
풀이 생일이 언제인지 묻는 말에 목요일이라고 요일을 알려주는 (C)가 답이다.

7. B: How many books do you read in a week?
   G: _____
   (A) No, thank you.
   (B) He is older than me.
   (C) I usually read two or three.
   (D) I go to the park on Sundays.
해석 소년: 일주일에 책을 몇 권이나 읽어?
   소녀: _____
   (A) 아니, 괜찮아.
   (B) 그는 나보다 나이가 많아.
   (C) 보통 두세 권을 읽어.
   (D) 일요일마다 공원에 가.
풀이 일주일에 책을 몇 권 읽는지 묻는 말에 두세 권 읽는다고 수량을 말하는 (C)가 답이다.

8. B: What would you like to have for dinner?
   G: _____
   (A) I can be there.
   (B) No, I can study myself.
   (C) I only need a black one.
   (D) I'd like to have spaghetti.
해석 소년: 저녁으로 무엇을 먹고 싶어?
   소녀: _____
   (A) 거기 있을 수 있어.
   (B) 아니, 나 혼자 공부할 수 있어.
   (C) 난 검정색만 필요한데.
   (D) 스파게티를 먹고 싶어.

풀이 저녁으로 뭘 먹고 싶은지 묻는 말에 스파게티를 먹고 싶다고 원하는 음식을 말하는 (D)가 답이다.

Words and Phrases I'd like to have ～를 먹고 싶다

9. G: Oh! I forgot to bring pencils today.
   B: _____
   (A) Yes, it was.
   (B) No, I can't go.
   (C) You can borrow mine.
   (D) It was on the back of my book.

해석 소녀: 에! 오늘 연필 가져오는 걸 깜빡했어.
     소년: _____
     (A) 응, 그건 그랬어.
     (B) 아니, 나는 못 가.
     (C) 내 것 빌려도 돼.
     (D) 내 책 뒤에 있었어.

풀이 연필을 놓고왔다고 하는 말에 자신의 연필을 빌려써도 된다고 말하는 (C)가 답이다.

Words and Phrases bring 가져오다 | borrow 빌리다

10. G: How was the school trip to the museum?
    B: _____
    (A) Yes, you can.
    (B) It's on the desk.
    (C) You're welcome.
    (D) It was interesting.

해석 소녀: 박물관 견학은 어땠어?
     소년: _____
     (A) 응, 넌 할 수 있어.
     (B) 책상 위에 있어.
     (C) 천만에.
     (D) 재밌었어.

풀이 박물관 견학이 어땠는지 묻는 말에 재밌었다고 소감을 말하는 (D)가 답이다.

Words and Phrases trip 여행 | museum 박물관 | interesting 재미있는, 흥미로운

Part C. Listen and Retell (p.15)

11. B: Did you see the box on your desk?
    G: Yes, it is a new hat.
    Q: What is in the box?
    (B)

해석 소년: 네 책상 위에 상자 봤어?
     소녀: 응, 그건 새 모자야.
     질문: 상자 안에 무엇이 있는가?

풀이 상자 안에 새 모자가 있다고 했으므로 모자 그림 (B)가 답이다.

12. G: We should clean this room.
    B: Good idea. Let's do it.
    Q: What will they do now?
    (D)

해석 소녀: 우리 이 방을 청소하는 게 좋을 거 같아.
     소년: 좋은 생각이야. 하자.
     질문: 그들은 지금 무엇을 할 것인가?

풀이 소녀가 방을 청소를 해야 된다는 말에 소년이 동의하고 있으므로 청소를 하는 소년과 소녀 그림 (D)가 답이다.

13. G: What time is the party tomorrow?
    B: Tom's birthday party is at four.
    Q: What time is Tom's birthday party?
    (C)

해석 소녀: 내일 파티는 몇 시야?
     소년: Tom의 생일 파티는 4시에 있어.
     질문: Tom의 생일 파티는 몇 시인가?

풀이 Tom의 생일 파티는 4시에 있으므로 4시를 가리키는 시계 그림 (C)가 답이다.

Words and Phrases What time is ～? ～는 몇 시야?

14. B: What are you doing after school?
    G: I'm going to visit my grandparents.
    Q: Where is the girl going after school?
    (A) to home
    (B) to the store
    (C) to the hospital
    (D) to her grandparents' house

해석 소년: 방과 후에 뭐해?
     소녀: 조부모님 댁에 갈 거야.
     질문: 소녀는 방과 후에 어디에 가는가?
     (A) 집에
     (B) 가게에
     (C) 병원에
     (D) 조부모님 댁에

풀이 방과 후에 조부모님 댁에 갈 것이라 말했으므로 (D)가 답이다.

Words and Phrases after school 방과 후에 | visit 방문하다 | grandparents 조부모님

15. B: You look very happy today.
G: Yes, it's my birthday today.
Q: Why is the girl happy?
(A) She went home.
(B) Her birthday is today.
(C) She ate some chocolate.
(D) She is going to the park.
해석 소년: 오늘 되게 행복해 보인다.
소녀: 맞아, 오늘 내 생일이거든.
질문: 소녀는 왜 행복한가?
(A) 집에 갔다.
(B) 생일이 오늘이다.
(C) 초콜릿을 조금 먹었다.
(D) 공원에 간다.
풀이 행복해 보인다는 말에 오늘이 자신의 생일이라 그렇다고 답하고 있으므로 (B)가 답이다.

16. G: I have to get a new notebook.
M: I am going to the store today. Do you want to come?
Q: Where will they go?
(A) home
(B) school
(C) the store
(D) the library
해석 소녀: 새 공책을 사야 해요.
남자: 오늘 가게에 갈 건데. 가고 싶니?
질문: 그들은 어디에 갈 것인가?
(A) 집
(B) 학교
(C) 가게
(D) 도서관
풀이 소녀는 공책을 사기 위해 남자와 같이 가게에 갈 것이므로 (C)가 답이다.
Words and Phrases notebook 공책 | store 가게, 상점 | library 도서관

17. B: Did you start working on the math homework?
G: Not yet. I will start tonight.
Q: When is the girl going to do the math homework?
(A) tonight
(B) on Friday
(C) yesterday
(D) in the morning
해석 소년: 수학 숙제 시작했어?
소녀: 아직. 오늘 밤부터 할 거야.
질문: 소녀는 언제 수학 숙제를 할 것인가?
(A) 오늘 밤에
(B) 금요일에
(C) 어제
(D) 아침에
풀이 오늘 밤부터 수학 숙제를 할 거라고 말하고 있으므로 (A)가 답이다.
Words and Phrases work on ~를 (애써서) 하다

[18–19]
G: Today, I'd like to talk about candy. I like bubble gum the best because bubble gum is sweet and comes in many flavors. I like strawberry flavored candy the best. But I don't like jelly beans. They get stuck in my teeth.

18. Which candy does the girl NOT like?
(A) lollipops
(B) jelly beans
(C) bubble gum
(D) gummy bears

19. What flavor does the girl like the most?
(A) sour apple
(B) strawberry
(C) watermelon
(D) cotton candy

해석 소녀: 오늘, 사탕류에 대해 얘기하려고 합니다. 저는 풍선껌을 가장 좋아하는데, 그 이유는 풍선껌은 달콤하고 다양한 맛으로 나오기 때문입니다. 저는 딸기 맛 사탕을 가장 좋아합니다. 그런데 젤리 빈은 좋아하지 않습니다. 그것들은 이에 낍니다.

18. 소녀가 좋아하지 않는 사탕은 무엇인가?
(A) 막대사탕
(B) 젤리빈
(C) 풍선껌
(D) 구미 베어

19. 소녀가 가장 좋아하는 맛은 무엇인가?
(A) 신 사과
(B) 딸기
(C) 수박
(D) 솜사탕

풀이 젤리 콩은 이에 껴서 좋아하지 않는다고 했으므로 18번은 (B)가 답이다. 딸기 맛 사탕을 가장 좋아한다고 했으므로 19번은 (B)가 답이다.
Words and Phrases bubble gum 풍선껌 | flavor 맛 | jelly bean 젤리빈, 젤리 콩 | tooth 이, 이빨 | sour 신, 시큼한 | cotton 면, 목화 | cotton candy 솜사탕

[20–21]
B: My dog's name is Joy. She is my best friend. I throw the ball and Joy runs to the ball to get it. Sometimes, we play catch in the house. My mother always tells us to go outside, so we play catch together in the park. I enjoy playing with Joy.

20. What do they enjoy playing?
(A) jogging
(B) skating
(C) jumping
(D) playing catch

21. Where do they play?

    (A) at school

    (B) in the zoo

    (C) at the park

    (D) in the library

해석 소년: 나의 개의 이름은 Joy이다. 그녀는 나의 가장 친한 친구이다. 내가 공을 던지면 Joy는 공을 잡기 위해 달려간다. 때때로, 우리는 집에서 캐치볼을 한다. 엄마께서는 늘 우리에게 밖에 나가라고 말씀하셔서 우리는 공원에서 함께 캐치볼을 한다. 난 Joy와 노는 것이 즐겁다.

20. 그들은 무엇을 즐겨하는가?

    (A) 조깅하기

    (B) 스케이트 타기

    (C) 점프하기

    (D) 캐치볼 하기

21. 그들은 어디서 노는가?

    (A) 학교에서

    (B) 동물원에서

    (C) 공원에서

    (D) 도서관에서

풀이 소년과 Joy는 집과 공원에서 캐치볼을 한다고 했으므로 20번은 (D)가 답이다. 공원에서 둘이 캐치볼을 한다고 했으므로 21번은 (C)가 답이다.

Words and Phrases best 최고의, 제일 좋은 | sometimes 때때로, 가끔 | always 항상 | outside 겉에, 밖으로 | play catch 캐치볼을 하다 | enjoy ~을 즐기다

[22–23]

W: Welcome to the Friends Zoo. We are proud to show you our animal friends, from cute pandas to brave tigers. Don't miss the dolphin show at 4 o'clock in the pool. Thank you for visiting our zoo. We hope you have a great day at the zoo.

22. What is this announcement about?

    (A) a zoo

    (B) a book

    (C) a pool

    (D) a movie

23. When is the dolphin show?

    (A) at 8:00

    (B) at noon

    (C) at 4:00

    (D) at night

해석 여자: Friends 동물원에 오신 걸 환영합니다. 여러분께 귀여운 판다부터 용맹한 호랑이까지 우리 동물 친구들을 보여드릴 수 있어서 자랑스럽게 생각합니다. 풀장에서 4시에 있을 돌고래쇼를 놓치지 마세요. 저희 동물원을 방문해주셔서 감사합니다. 동물원에서 멋진 날을 보내시길 바랍니다.

22. 무엇에 관한 안내인가?

    (A) 동물원

    (B) 책

    (C) 풀장

    (D) 영화

23. 돌고래쇼는 언제인가?

    (A) 8시에

    (B) 정오에

    (C) 4시에

    (D) 밤에

풀이 동물원에 놀러 온 방문객들에게 환영 및 감사 인사를 전하고 동물원의 행사를 소개하고 있는 안내이므로 22번은 (A)가 답이다. 4시에 있을 돌고래쇼를 놓치지 말라고 했으므로 23번은 (C)가 답이다.

Words and Phrases proud 자랑스러운 | panda 판다 곰 | brave 용감한 | dolphin 돌고래 | pool 수영장, 풀장; 웅덩이 | announcement 안내 | show 쇼, 공연물

[24–25]

B: I made cookies with Mom today. We mixed flour, sugar, eggs, milk, and butter together. Mom put in lots of chocolate chips. Mom put them in the oven for 10 minutes. The chocolate cookies turned out great. They were sweet and tasty. I love making cookies.

24. What are they making?

    (A) cakes

    (B) candies

    (C) cookies

    (D) ice cream

25. How do the cookies taste?

    (A) hot

    (B) sour

    (C) salty

    (D) sweet

해석 소년: 오늘 엄마와 함께 쿠키를 만들었다. 우리는 밀가루, 설탕, 달걀, 우유 그리고 버터를 함께 섞었다. 엄마는 많은 초콜릿 칩을 넣으셨다. 엄마는 그것들을 오븐에 10분 동안 넣었다. 초콜릿 쿠키가 맛있게 완성됐다. 달콤하고 맛있었다. 난 쿠키 만드는 것을 좋아한다.

24. 그들은 무엇을 만들고 있는가?

    (A) 케이크

    (B) 사탕

    (C) 쿠키

    (D) 아이스크림

25. 쿠키는 맛이 어떤가?

    (A) 매운

    (B) 신

    (C) 짠

    (D) 달콤한

풀이 화자와 화자의 어머니가 함께 쿠키를 만들었다고 했으므로 24번은 (C)
가 답이다. 쿠키가 달콤하고 맛있다고 했으므로 25번은 (D)가 답이다.

Words and Phrases mix 섞다 | flour 밀가루 | put in ~을 넣다 | chip (감자)
칩, 감자튀김 | oven 오븐 | minute (시간 단위의) 분 |
turn out (~로) 되다, 되어 가다 | tasty 맛있는

Part D. Listen and Speak (p.19)

26. G: What color do you like most?
    B: Purple is my favorite. How about you?
    G: I like purple, too.
    B: _____
    (A) It's very easy.
    (B) Okay, thank you.
    (C) I will have to get it today.
    (D) Oh, we like the same color.

해석 소녀: 어떤 색을 가장 좋아해?
소년: 보라색이 내가 가장 좋아하는 거야. 너는?
소녀: 나도 보라색이 좋아.
소년: _____
(A) 그건 매우 쉬워.
(B) 좋아, 고마워.
(C) 오늘 그걸 구해야 돼.
(D) 어, 우리 같은 색을 좋아하네.

풀이 소년도 보라색을 가장 좋아하고 소녀도 보라색을 좋아하므로 같은 색을
좋아한다고 서로의 공통점을 말하고 있는 (D)가 답이다.

Words and Phrases favorite 가장 좋아하는, 마음에 드는 | same 같은

27. B: Who is the woman next to Mr. Smith?
    G: She is our new English teacher, Ms. Hobbs.
    B: Oh, she looks very nice.
    G: _____
    (A) Yes, I am.
    (B) This is a pen.
    (C) No, it's next week.
    (D) Yes, she is very kind.

해석 소년: Smith 선생님 옆에 여성 분은 누구셔?
소녀: 우리 새 영어 선생님, Hobbs 선생님이야.
소년: 아, 정말 좋은 분처럼 보여.
소녀: _____
(A) 맞아, 나는 그래.
(B) 이것은 펜이야.
(C) 아니, 다음 주야.
(D) 맞아, 정말 상냥하셔.

풀이 새로 오신 영어 선생님이 좋은 분처럼 보인다는 말에 동의하며 정말 상
냥하다고 말하는 (D)가 답이다.

28. G: My cousins are coming on the weekend.
    B: How many cousins do you have?
    G: Two. How about you?
    B: _____
    (A) Great!
    (B) On the desk.
    (C) I have only one.
    (D) No, thank you.

해석 소녀: 내 사촌들이 주말에 온대.
소년: 너 사촌이 몇 명이나 있어?
소녀: 두 명. 너는?
소년: _____
(A) 훌륭해!
(B) 책상 위에.
(C) 난 딱 한 명 있어.
(D) 아니, 괜찮아.

풀이 사촌이 몇 명 있는지 되묻는 말에 자신은 딱 한 명 있다고 답하는 (C)
가 답이다.

Words and Phrases weekend 주말 | cousin 사촌 | How about you?
너는 어때?

29. B: Is this jacket yours?
    G: No, it's not.
    B: This is mine. Where's yours?
    G: _____
    (A) I have three.
    (B) It's my backpack.
    (C) What is your name?
    (D) It is in the other room.

해석 소년: 이 재킷 네 거니?
소녀: 아니, 아닌데.
소년: 이건 내 것이야. 네 건 어딨어?
소녀: _____
(A) 난 세 벌 있어.
(B) 그건 내 배낭이야.
(C) 너 이름이 뭐야?
(D) 다른 방에 있어.

풀이 소녀의 재킷이 어디 있는지 묻는 말에 다른 방에 있다고 위치를 말하
는 (D)가 답이다.

Words and Phrases backpack 배낭

30. W: What are you making?
    B: I am making a robot.
    W: Wow, wonderful! What color is it going to be?
    B: _____
    (A) No, it's not okay.
    (B) I will paint it blue.
    (C) Please open the door.
    (D) Sorry, it was a mistake.

해석 여자: 뭘 만들고 있니?

소년: 로봇을 만들고 있어요.

여자: 와, 멋지구나! 이건 무슨 색깔로 할 거니?

소년: _____

(A) 아뇨, 괜찮지 않아요.

(B) 파란색으로 칠할 거예요.

(C) 문 좀 열어주세요.

(D) 죄송해요. 그건 실수였어요.

풀이 소년이 만들고 있는 로봇을 어떤 색으로 할 건지 묻는 말에 파란색으로 칠할 거라며 색상 정보를 알려주는 (B)가 답이다.

Words and Phrases robot 로봇 | paint 칠하다 | mistake 실수

SECTION II READING AND WRITING

Part A. Sentence Completion (p.22)

1. A: Do you know who has my pen?

B: Kate _____ it.

(A) is

(B) do

(C) has

(D) have

해석 A: 너 누가 내 펜을 갖고 있는지 알아?

B: Kate가 그걸 갖고 있어.

(A) ~이다

(B) ~을 하다

(C) ~을 갖다 (3인칭 단수)

(D) ~을 갖다 (3인칭 단수 외)

풀이 Kate가 A의 펜을 갖고 있다고 말하려면 동사 'have'를 써야 하고 Kate 는 3인칭 단수이므로 (C)가 답이다.

2. A: What color are the lemons?

B: They _____ yellow.

(A) is

(B) be

(C) am

(D) are

해석 A: 레몬은 무슨 색깔이야?

B: 그것들은 노란색이야.

(A) ~이다 (3인칭 단수)

(B) ~이다 (동사원형)

(C) ~이다 (1인칭 단수)

(D) ~이다 (3인칭 복수)

풀이 주어 'they'가 3인칭 복수형이므로 (D)가 답이다.

3. A: _____ are you?

B: I am 10 years old.

(A) What

(B) Where

(C) How old

(D) How often

해석 A: 너 몇 살이야?

B: 나는 열 살이야.

(A) 무엇

(B) 어디서

(C) 몇 살

(D) 얼마나 자주

풀이 B가 자신의 나이를 말하고 있는 것으로 보아 A가 나이를 묻고 있다고 유추할 수 있으므로 (C)가 답이다.

Words and Phrases how old 몇 살, 몇 년 | how often 얼마나 자주

4. A: What is Mary doing?

B: She is _____ to Kim.

(A) talk

(B) talks

(C) talked

(D) talking

해석 A: Mary는 뭐 하고 있어?

B: Kim과 대화하고 있어.

(A) 말하다

(B) 말하다 (3인칭 단수)

(C) 말했다

(D) 말하고 있는

풀이 A가 Mary는 무엇을 하고 있는지 물었고, '~하고 있다'라는 뜻의 현재 진행형 (be+ing 형태)이 쓰여야 하므로 (D)가 답이다.

5. A: Does Peter work at the post office?

B: _____.

(A) Yes, he is

(B) Yes, he do

(C) Yes, he does

(D) Yes, he doesn't

해석 A: Peter는 우체국에서 일하니?

B: 응, 맞아.

(A) 응, 그래 (3인칭 단수 be동사 긍정)

(B) 틀린 표현

(C) 응, 맞아 (3인칭 단수 일반동사 긍정)

(D) 응, 그렇지 않아 (3인칭 단수 일반동사 부정)

풀이 'work'는 일반동사이고 주어는 3인칭 단수이므로 'Yes'라 대답한 뒤 3 인칭 단수 일반동사 긍정형으로 대답하는 (C)가 답이다. (D)의 경우 'No' 라고 해야 정답이 되므로 오답이다.

Part B. Situational Writing (p.23)

6. Sam and Todd _____ each other.
    (A) like
    (B) love
    (C) hate
    (D) sing

해석 Sam과 Todd는 서로 싫어해.
    (A) 좋아하다
    (B) 좋아하다
    (C) 싫어하다
    (D) 노래하다
풀이 아이들이 서로 화를 내며 다투고 있으므로 (C)가 답이다.
Words and Phrases hate 싫어하다 | each other 서로

7. There are _____ swimming in the tank.
    (A) two red fish
    (B) three green fish
    (C) one red starfish
    (D) three red octopuses

해석 어항 안에 빨간색 물고기 두 마리가 있다.
    (A) 빨간색 물고기 두 마리
    (B) 녹색 물고기 세 마리
    (C) 빨간색 불가사리 한 마리
    (D) 빨간색 문어 세 마리
풀이 어항에 빨간색 물고기가 두 마리 있으므로 (A)가 답이다.
Words and Phrases (fish) tank 어항 | starfish 불가사리 | octopus 문어

8. The boy is washing his hands in the _____.
    (A) school
    (B) kitchen
    (C) bedroom
    (D) bathroom

해석 소년이 화장실에서 손을 씻고 있다.
    (A) 학교
    (B) 부엌
    (C) 침실
    (D) 화장실
풀이 소년이 화장실 세면대에서 손을 씻고 있으므로 (D)가 답이다.
Words and Phrases wash someone's hands 손을 씻다 | kitchen 부엌 |
bedroom 침실 | bathroom 화장실

9. A girl is standing _____ of the house.
    (A) inside
    (B) on top
    (C) in front
    (D) on the back

해석 소녀가 집 앞에 서 있다.
    (A) ~안에
    (B) ~위에
    (C) ~앞에
    (D) ~뒤에
풀이 소녀가 집 앞쪽에 서 있으므로 (C)가 답이다.
Words and Phrases inside ~안에 | on top of ~위에 | in front of ~앞에

10. My dad and I _____.
    (A) walked to school
    (B) played video games
    (C) cleaned the windows
    (D) ate hamburger and chips

해석 우리 아빠와 나는 비디오 게임을 했다.
    (A) 학교에 걸어갔다.
    (B) 비디오 게임을 했다.
    (C) 창문을 닦았다.
    (D) 햄버거와 칩을 먹었다.
풀이 아버지와 아들이 비디오게임을 하고 있으므로 (B)가 답이다.
Words and Phrases clean 닦다 | window 창문 | hamburger 햄버거 | chip
(감자)칩, 감자튀김

Part C. Practical Reading and Retelling (p.25)

[11~12]

11. Sue is at the pizza store. She has 6 dollars. Which size can she get?
    (A) a single slice
    (B) a double slice
    (C) a half pizza
    (D) a whole pizza

12. How many sizes do they have?
    (A) 4
    (B) 8
    (C) 16
    (D) 30

해석

피자 메뉴
한 조각 – 4달러
두 조각 – 8달러
피자 반 판 – 16달러
피자 한 판 – 30달러

11. Sue는 피자 가게에 있다. 그녀에게는 6달러가 있다. 그녀는 어떤 사이즈를 먹을 수 있는가?

(A) **한 조각**

(B) 두 조각

(C) 피자 반 판

(D) 피자 한 판

12. 사이즈가 몇 개 있는가?

(A) **4**

(B) 8

(C) 16

(D) 30

풀이 6달러 이하의 메뉴만 살 수 있으므로 11번은 (A)가 답이다. 4종류의 사이즈가 있으므로 12번은 (A)가 답이다.

Words and Phrases menu 메뉴 | single 하나의, 단일의 | double 두 배의, 두 개로 된 | half 반, 절반 | whole 전체의, 전부의 | slice 조각, 부분 | size 크기, 치수

[13–14]

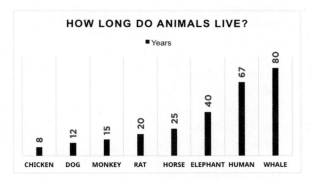

13. Which animal lives the longest?

(A) dog

(B) horse

(C) whale

(D) monkey

14. Which animal lives shorter than 20 years?

(A) horse

(B) human

(C) monkey

(D) elephant

해석 13. 어떤 동물이 가장 오래 사는가?

(A) 개

(B) 말

(C) **고래**

(D) 원숭이

14. 어떤 동물이 20년보다 짧게 사는가?

(A) 말

(B) 인간

(C) **원숭이**

(D) 코끼리

풀이 고래가 80살로 가장 오래 산다고 나와 있으므로 13번은 (C)가 답이다. 14번의 경우, 보기 중 20년보다 짧게 사는 동물은 15년을 사는 원숭이밖에 없으므로 (C)가 답이다.

Words and Phrases how long 얼마나 오래 | rat 쥐

[15–16]

Ann's Summer Camp Schedule					
Time	Monday	Tuesday	Wednesday	Thursday	Friday
9:00-10:00	Games	Games	Games	Games	Games
10:00-11:00	Team Activity	Dance Class	Team Activity	Dance Class	Team Activity
11:00-12:00	Swimming	Basketball	Swimming	Basketball	Swimming
12:00-13:00	Lunch				
13:00-13:30	Free Time	Free Time	Free Time	Free Time	Free Time
13:30-15:00	Arts & Crafts	Theater	Arts & Crafts	Theater	Arts & Crafts
15:00-16:00	Outdoor Activities	Outdoor Activities	Outdoor Activities	Outdoor Activities	Outdoor Activities

15. What time does the camp start every day?

(A) 9:00

(B) 12:00

(C) 13:30

(D) 16:00

16. How many times does Ann play basketball in a week?

(A) once

(B) twice

(C) three times

(D) four times

해석

Ann의 여름 캠프 일정					
시간	월요일	화요일	수요일	목요일	금요일
9:00–10:00	게임	게임	게임	게임	게임
10:00–11:00	팀 활동	춤 수업	팀 활동	춤 수업	팀 활동
11:00–12:00	수영	농구	수영	농구	수영
12:00–13:00	점심				
13:00–13:30	자유 시간	자유 시간	자유 시간	자유 시간	자유 시간
13:30–15:00	공예	연극	공예	연극	공예
15:00–16:00	야외 활동	야외 활동	야외 활동	야외 활동	야외 활동

15. 캠프는 매일 몇 시에 시작하는가?

(A) 9:00

(B) 12:00

(C) 13:30

(D) 16:00

16. Ann은 일주일에 몇 번이나 농구를 하는가?

(A) 한 번

(B) 두 번

(C) 세 번

(D) 네 번

풀이 일정표에서 가장 첫 일정이 오전 9시에 시작하므로 15번은 (A)가 답이다. 화요일과 목요일 11시에서 12시까지 농구를 총 두 번 하므로 16번은 (B)가 답이다.

Words and Phrases team 팀, 단체, 조 | activity 활동 | basketball 농구 | crafts 공예 | outdoor 야외의 | camp 캠프 | once 한 번 | twice 두 번

[17–18]

17. What is the tallest building?

(A) the bank

(B) the toy store

(C) the book store

(D) the coffee shop

18. Which store is next to the book store?

(A) the bank

(B) the toy store

(C) the coffee shop

(D) the supermarket

해석 17. 가장 큰 건물은 무엇인가?

(A) 은행

(B) 장난감 가게

(C) 서점

(D) 커피숍

18. 어떤 건물이 서점 옆에 있는가?

(A) 은행

(B) 장난감 가게

(C) 커피숍

(D) 슈퍼마켓

풀이 그림에서 가장 큰 건물은 은행(BANK)이므로 17번은 (A)가 답이다. 서점(BOOKS) 옆에는 커피숍(COFFEE SHOP)이 있으므로 18번은 (C)가 답이다.

Words and Phrases tall 높은, 키가 큰 | building 건물 | shop 가게, 상점 | supermarket 슈퍼마켓

[19–20]

19. Where can you see the movie?

(A) in a jungle

(B) at a theater

(C) at a clubhouse

(D) by presentation

20. How many people can go into the theater with one ticket?

(A) one person

(B) two people

(C) three people

(D) four people

해석

> Stop–Motion 영화 클럽
> Yellow 어린이 극장
>
> – 2021년 7월 2일, 3일
> – Jungle Girl 2 상영
>
> 각 티켓 사용자당 친구 한 명 동반 가능

19. 영화를 어디서 볼 수 있는가?

(A) 정글에서

(B) 극장에서

(C) 클럽 회관에서

(D) 공연으로

20. 티켓 한 장으로 몇 명이 극장에 갈 수 있는가?

(A) 한 사람

(B) 두 사람

(C) 세 사람

(D) 네 사람

풀이 Yellow 어린이 극장에서 영화를 볼 수 있으므로 19번은 (B)가 답이다. 한 편, 티켓 사용자 한 명은 친구 한 명을 데려갈 수 있다. 따라서 티켓 한 장으로 총 두 사람이 들어갈 수 있으므로 20번은 (B)가 답이다.

Words and Phrases theater 극장 | present 공연(방송)하다, 보여주다 | each 각각, 각자 | ticket 표, 입장권 | bring 가져오다 | jungle 밀림, 정글 | clubhouse 클럽 회관 | presentation 공연, 제시 | people 사람들

Part D. General Reading and Retelling (p.30)

[21–22]

Harry was running on the playground and fell. He hurt his leg very badly, so he rode in an ambulance to the hospital. The doctors were very kind. They fixed his leg and gave him some candy. Harry will go back to the hospital in two weeks. Hopefully, his leg will be all right soon.

21. Where was Harry when he hurt his leg?
   (A) at home
   (B) at school
   (C) at the office
   (D) at the playground
22. When will Harry go back to the hospital?
   (A) tomorrow
   (B) next week
   (C) in two weeks
   (D) next month

해석 Harry는 운동장에서 뛰어다니다가 넘어졌다. 그의 다리를 심하게 다쳐서, 그는 구급차를 타고 병원으로 실려 갔다. 의사들은 매우 친절했다. 그들은 그의 다리를 고쳐주었고 그에게 사탕을 주었다. Harry는 2주 후에 병원에 다시 갈 것이다. 바라건대, 그의 다리는 곧 좋아질 것이다.

   21. Harry가 다리를 다쳤을 때 그는 어디에 있었나요?
   (A) 집에서
   (B) 학교에서
   (C) 사무실에서
   (D) 운동장에서

   22. Harry는 언제 다시 병원에 가는가?
   (A) 내일
   (B) 다음 주에
   (C) 2주 후에
   (D) 다음 달에

풀이 Harry는 운동장에서 뛰다가 넘어져 다리를 다쳤다고 했으므로 21번은 (D)가 답이다. 22번의 경우, Harry가 2주 후에 병원에 다시 간다고 했으므로 (C)가 답이다.

Words and Phrases playground 운동장, 놀이터 | fall 넘어지다 | hurt 다치다 | badly 심하게, 몹시 | ambulance 구급차 | hospital 병원 | fix 고치다 | hopefully 바라건대

[23–24]

Larry, Greg, and Mike want to start a band. Larry plays the guitar, Greg plays the piano, and Mike plays the drums. They are looking for a singer. They need someone with a good voice and good looks. They think a girl would be best. They will ask all of their friends tomorrow to help them find someone good.

23. Which is not in the boys' band right now?
   (A) singer
   (B) pianist
   (C) guitarist
   (D) drummer
24. What kind of singer are the boys NOT looking for?
   (A) a boy
   (B) a girl
   (C) someone who sings well
   (D) someone with good fashion

해석 Larry, Greg 그리고 Mike는 밴드를 시작하고 싶어 한다. Larry는 기타를 치고, Greg는 피아노를 연주하며, Mike는 드럼을 친다. 그들은 가수를 찾고 있다. 그들은 좋은 목소리와 외모를 가진 사람이 필요하다. 그들은 여자가 가장 좋을 것으로 생각한다. 그들은 내일 모든 친구들에게 좋은 사람을 찾을 수 있도록 도와달라고 부탁할 것이다.

   23. 지금 소년들의 밴드에 있지 않은 것은 무엇인가?
   (A) 가수
   (B) 피아니스트
   (C) 기타리스트
   (D) 드럼 연주자

   24. 소년들이 찾지 않는 종류의 가수는 무엇인가?
   (A) 소년
   (B) 소녀
   (C) 노래를 잘하는 사람
   (D) 스타일이 좋은 사람

풀이 그들이 가수를 찾고 있다는 것으로 보아 아직 밴드에 가수가 없다는 사실을 추론할 수 있으므로 23번은 (A)가 답이다. 24번의 경우, 소년들이 'someone with a good voice and good look'을 찾고 있으며 'a girl'이 가장 좋을 것으로 생각하고 있지만 'a boy'를 찾는다는 말은 언급되지 않았으므로 (A)가 답이다.

Words and Phrases band 밴드, 악단 | drum 드럼, 북 | look for ~을 찾다, 구하다 | looks 겉모습, 외모, 매력 | pianist 피아니스트 | guitarist 기타 연주자 | drummer 드럼 연주자 | fashion 패션, (유행하는) 스타일

[25-26]

A monkey found some peanuts in a bottle. He put his hand inside and grabbed the peanuts. However, he could not pull out his hand. The peanuts made his hand too big. He would not let go of the peanuts. Instead, he walked around everywhere with the bottle and asked for help. His friends laughed and did not help him.

25. Where did monkey find the peanuts?

(A) in a bag

(B) in a bottle

(C) under a tree

(D) behind the couch

26. Why did monkey's friends laugh at him?

(A) His hair had many knots in it.

(B) He told them a very funny joke.

(C) He would not take his hand out of the bottle.

(D) He got in trouble by the teacher during class.

해석 원숭이 한 마리가 병에 담긴 땅콩을 발견했다. 그는 안에 손을 집어넣고 땅콩을 움켜쥐었다. 그러나, 그는 자기의 손을 꺼낼 수 없었다. 땅콩 때문에 그의 손이 너무 커졌다. 그는 땅콩을 손에서 놓지 않았다. 대신에, 그는 병을 지닌 채 여기저기 돌아다니며 도움을 요청했다. 그의 친구들은 웃었고 그를 도와주지 않았다.

25. 원숭이는 어디서 땅콩을 발견했는가?

(A) 가방 안에서

(B) 병 안에서

(C) 나무 아래서

(D) 소파 뒤에서

26. 원숭이의 친구들은 왜 그를 비웃었는가?

(A) 그의 털이 매우 엉클어졌다.

(B) 그가 친구들에게 아주 재미있는 농담을 건넸다.

(C) 그는 병 밖으로 그의 손을 꺼내지 않았다.

(D) 수업 중 선생님께 혼이 났다.

풀이 원숭이가 땅콩을 병 안에서('in a bottle') 찾았다고 했으므로 25번은 (B)가 답이다. 26번의 경우, 원숭이가 병에 손이 낀 채로 돌아다니며 도움을 청했는데 친구들이 도와주지 않고 비웃었다고 했으므로 (C)가 답이다.

Words and Phrases peanut 땅콩 | bottle 병 | grab 잡다, 붙잡다 | pull out ~을 빼내다 | let go of (손에 쥔) ~을 놓다 | everywhere 모든 곳, 어디나 | ask for ~을 요구하다 | laugh 웃다 | couch 긴 의자, 소파 | knot 매듭 | joke 우스개, 농담 | trouble 문제, 골칫거리 | during ~동안

[27-28]

You should exercise every day, like studying in school. Children need 60 minutes of exercise every day. Adults need 150 minutes of exercise every week. You should try to do many types of exercise. You can do sports with your friends for extra fun.

27. How much exercise do children need?

(A) 60 minutes a day

(B) 60 minutes a week

(C) 150 minutes a day

(D) 150 minutes a week

28. Which sentence is true?

(A) Exercise is best when you do it alone.

(B) Adults need more exercise than children.

(C) Exercising is more important than studying.

(D) It is best to do a lot of different types of exercises.

해석 여러분은 학교에서 공부하는 것처럼 매일 운동을 해야 한다. 어린이들은 매일 60분의 운동이 필요하다. 성인은 매주 150분의 운동이 필요하다. 당신은 많은 종류의 운동을 하도록 노력해야 한다. 여러분은 재미를 위해 친구들과 함께 운동할 수 있다.

27. 어린이들은 얼만큼의 운동이 필요한가?

(A) 하루에 60분

(B) 일주일에 60분

(C) 하루에 150분

(D) 일주일에 150분

28. 어떤 문장이 사실인가?

(A) 운동은 혼자 할 때 가장 좋다.

(B) 성인은 어린이보다 더 많은 운동이 필요하다.

(C) 운동은 공부보다 더 중요하다.

(D) 많은 다른 종류의 운동을 하는 것이 가장 좋다.

풀이 어린이들이 매일 60분씩 운동을 해야 한다고 했으므로 27번은 (A)가 답이다. 중간에 'You should try to do many types of exercise.'를 통해 많은 다른 종류의 운동을 하는 것이 좋은 행동임을 추론할 수 있으므로 28번은 (D)가 답이다. (B)의 경우, 지문에 따르면 어린이는 일주일에 420분의 운동 시간이 필요하므로 오답이다.

Words and Phrases exercise 운동하다 | children 아이들 | adult 어른 | type 종류, 유형 | extra 추가의, 여분의 | alone 혼자, 다른 사람 없이 | important 중요한 | a lot of 많은 | different 다른

[29-30]

Painting is older than writing. People have found paintings that are 32,000 years old. People did not know how to write, so they made paintings. They show the people's lives when working, playing, and sleeping. Most of these paintings are gone, but people still find them. They help us know how people used to live.

29. In the past, why did people paint and not write?

    (A) They did not know how to write.

    (B) They thought writing was boring.

    (C) Their parents did not want them to.

    (D) They thought writing was more beautiful.

30. According to the passage, what is NOT in the old cave painting?

    (A) people playing

    (B) people sleeping

    (C) people working

    (D) people in school

해석 그림 그리는 것은 글 쓰는 것보다 오래됐다. 사람들은 32,000년 된 그림들을 발견했다. 사람들은 글 쓰는 법을 몰라서 그림을 그렸다. 그것들은 사람들이 일하고, 놀고, 잠잘 때의 모습을 보여준다. 이런 그림들 대부분은 사라졌지만, 사람들은 여전히 그것들을 찾는다. 그것들은 우리가 사람들이 어떻게 살았는지 알도록 도와준다.

29. 과거에, 왜 사람들은 글을 쓰지 않고 그림을 그렸는가?

(A) 그들은 글 쓰는 법을 몰랐다.

(B) 그들은 글 쓰는 게 지루하다고 여겼다.

(C) 부모들이 그들이 글 쓰는 걸 원하지 않았다.

(D) 그들은 글 쓰는 게 더 아름답다고 생각했다.

30. 지문에 따르면, 오래된 동굴 벽화에 없는 것은 무엇인가?

(A) 놀고 있는 사람들

(B) 자고 있는 사람들

(C) 일하고 있는 사람들

(D) 학교에 있는 사람들

풀이 두 번째 줄에서 사람들은 글 쓰는 법을 몰라 그림을 그렸다고 했으므로 29번은 (A)가 답이다. 30번의 경우, 오래전 그림들은 'the people's lives when working, playing, and sleeping'을 보여준다고 했으므로 여기에 해당하지 않는 (D)가 답이다.

Words and Phrases painting 그림 그리기, 그림 | used to ~하곤 했다 | boring 재미없는, 지루한 | cave 동굴

TOSEL BASIC

심화 2회

SECTION I LISTENING AND SPEAKING

Part A. Listen and Recognize (p.42)

1. B: Julia is looking for her toothbrush.
　　(C)
해석 소년: Julia가 그녀의 칫솔을 찾고 있다.
풀이 소녀가 칫솔을 생각하고 있는 그림 (C)가 답이다.
Words and Phrases look for ~을 찾다, 구하다 | toothbrush 칫솔

2. G: Kalen wants to study math.
　　(B)
해석 소녀: Kalen은 수학을 공부하고 싶다.
풀이 소녀가 수학 연산이 써 있는 칠판 앞에 서 있는 그림 (B)가 답이다.
Words and Phrases math 수학

3. B: James is fixing his computer.
　　(B)
해석 소년: James가 그의 컴퓨터를 고치고 있다.
풀이 남자가 엎드려서 컴퓨터 본체를 고치는 그림 (B)가 답이다.
Words and Phrases fix 고치다 | computer 컴퓨터

4. G: The leaves are falling from the tree.
　　(C)
해석 소녀: 이파리들이 나무에서 떨어지고 있다.
풀이 이파리들이 나무에서 떨어지는 가을 그림 (C)가 답이다.
Words and Phrases leaf (나뭇)잎 | fall 떨어지다

5. B: The birds are singing on a branch.
　　(B)
해석 소년: 새들이 나뭇가지 위에서 노래하고 있다.
풀이 새들이 나뭇가지 위에서 노래하고 있는 그림 (B)가 답이다.
Words and Phrases branch (나뭇)가지

PART B. Listen and Respond (p.44)

6. G: Don't print the homework yet.
　　B: _____
　　(A) Where are you?
　　(B) I don't have the color.
　　(C) This book is interesting.
　　(D) Don't worry. I didn't forget it.
해석 소녀: 아직 숙제를 인쇄하지 마.
　　　소년: _____
　　(A) 너 어딨어?
　　(B) 나는 그 색이 없어.
　　(C) 이 책은 재밌어.
　　(D) 걱정 마, 잊지 않았어.
풀이 아직 숙제를 인쇄하지 말라고 당부하는 말에 걱정 말라며 안 하겠다고
　　　답하는 (D)가 답이다.
Words and Phrases print 인쇄하다, 프린트하다 | homework 숙제 | yet
　　　　　　　　　아직 | interesting 재미있는, 흥미로운

7. B: I heard it's a tasty sandwich.
　　G: _____
　　(A) Let's try it.
　　(B) As soon as possible.
　　(C) I wish you good luck.
　　(D) How long is the class?
해석 소년: 그것이 맛있는 샌드위치라고 들었어.
　　　소녀: _____
　　(A) 한 번 먹어보자.
　　(B) 되는대로 빨리.
　　(C) 행운을 빌게.
　　(D) 수업시간이 얼마나 돼?
풀이 어떤 샌드위치가 맛있다는 정보를 알려주는 말에 한번 먹어보자고 답
　　　하는 (A)가 답이다.
Words and Phrases tasty 맛있는 | try ~을 먹어보다, 해보다 | as soon
　　　　　　　　　as possible 되도록 빨리 | wish 바라다 | how long
　　　　　　　　　얼마나 오래

8. G: Can you find my notebook?

B: _____

(A) I can't run fast.

(B) I don't like tomatoes.

(C) It's going to rain soon.

(D) I'll look for it after school.

해석 소녀: 내 공책 좀 찾아줄 수 있어?

소년: _____

(A) 난 빨리 달릴 수 없어.

(B) 난 토마토를 좋아하지 않아.

(C) 곧 비가 내릴 거야.

(D) 방과 후에 찾아볼게.

풀이 자신의 공책을 찾아줄 수 있는지 부탁하는 말에 방과 후에 찾아보겠다고 답하는 (D)가 답이다.

Words and Phrases notebook 공책 | soon 곧 | look for ~을 찾다, 구하다 | after school 방과 후에

9. B: Why are you still here?

G: _____

(A) I just arrived now.

(B) I didn't finish my work yet.

(C) I was here till eight o'clock.

(D) I hope to see you again soon.

해석 소년: 너 왜 아직도 여기 있어?

소녀: _____

(A) 방금 막 도착했어.

(B) 아직 내 일을 다 안 끝냈어.

(C) 8시까지 여기 있었어.

(D) 조만간 다시 보기를 바라.

풀이 왜 아직도 여기에 있는지 묻는 말에 일을 다 하지 못했다며 그 이유를 말하는 (B)가 답이다. (A)의 경우, 소년의 말로 미루어보아 소녀는 방금 여기에 도착한 것이 아니라 이전부터 쭉 있었다는 것을 유추할 수 있으므로 오답이다.

Words and Phrases still 여전히, 아직 | just 방금, 막 | arrive 도착하다 | finish 끝내다, 마치다 | till ~까지 | again 다시

10. G: How often do you play soccer?

B: _____

(A) No, thank you.

(B) Yes, I can play.

(C) Three times a week.

(D) At six in the morning.

해석 소녀: 축구를 얼마나 자주 해?

소년: _____

(A) 아니, 괜찮아.

(B) 응, 난 할 수 있어.

(C) 일주일에 세 번.

(D) 아침 6시에.

풀이 축구를 얼마나 자주 하는지 묻는 말에 일주일에 세 번이라며 횟수를 말하는 (C)가 답이다.

Words and Phrases how often 얼마나 자주

Part C. Listen and Retell (p.45)

11. M: Do you know where my hat is?

W: It's on the table next to the sofa.

Q: Where is the man's hat?

(A)

해석 남자: 내 모자 어디 있는지 아니?

여자: 소파 옆 탁자 위에 있어.

질문: 남자의 모자는 어디에 있는가?

풀이 소파 옆 탁자 위에 모자가 있는 그림 (A)가 답이다.

12. B: How many sisters and brothers do you have?

G: I have one sister and one brother.

Q: Which is the girl's family?

(A)

해석 소년: 형제자매가 몇 명이나 돼?

소녀: 여동생 한 명이랑 남동생 한 명이 있어.

질문: 다음 중 소녀의 가족은 무엇인가?

풀이 부모님, 소녀, 소녀의 동생 두 명, 총 5명이 있는 가족사진 (A)가 답이다.

13. B: Is the green crayon 20 cents?

G: No, the yellow one is 20 cents, and the green one is 25 cents.

Q: Which crayon is 25 cents?

(D)

해석 소년: 초록색 크레용이 20센트인가요?

소녀: 아뇨, 노란색이 20센트이고, 초록색은 25센트예요.

질문: 어떤 크레용이 25센트인가?

풀이 초록색이 25센트라고 했으므로 초록색 크레용 그림 (D)가 답이다.

Words and Phrases crayon 크레용 | cent 센트

14. G: Dad, what's the weather like tomorrow?

M: It's going to be very cold with lots of snow.

Q: What should the girl wear to school tomorrow?

(A) shorts

(B) sunblock

(C) snow boots

(D) swimming suit

해석 소녀: 아빠, 내일 날씨가 어때요?

남자: 몹시 춥고 눈이 많이 내릴 거다.

질문: 내일 소녀는 무엇을 입고 학교에 가야 하는가?

(A) 반바지

(B) 자외선 차단제

(C) 눈 장화

(D) 수영복

풀이 몹시 춥고 눈이 많이 내릴 거라는 남자의 말을 통해 눈 장화를 신는 것이 가장 적절하므로 (C)가 답이다.

Words and Phrases shorts 반바지 | sunblock 자외선 차단제 | swimming suit 수영복

15. B: Can I have some orange juice?
G: Sorry, I only have water.
Q: What does the boy want?
   (A) milk
   (B) water
   (C) apple juice
   (D) orange juice

해석 소년: 오렌지 주스 좀 줄래?
소녀: 미안. 물밖에 없어.
질문: 소년은 무엇을 원하는가?
(A) 우유
(B) 물
(C) 사과 주스
(D) 오렌지 주스
풀이 소년은 오렌지 주스를 달라고 부탁했으므로 (D)가 답이다.

16. G: Did you bring your ticket?
B: Oh no! I left it at home!
Q: What is the problem?
   (A) The boy woke up late.
   (B) The girl woke up late.
   (C) The boy forgot the ticket.
   (D) The girl forgot the ticket.

해석 소녀: 표 가져왔지?
소년: 이런! 집에 두고 왔어!
질문: 무슨 문제가 있는가?
(A) 소년이 늦게 일어났다.
(B) 소녀가 늦게 일어났다.
(C) 소년이 표를 깜빡했다.
(D) 소녀가 표를 깜빡했다.
풀이 소년이 표를 집에 두고 왔다고 했으므로 (C)가 답이다.
Words and Phrases leave ~을 두고 오다 | forget 잊다, 잊어버리다

17. B: When is our math test?
G: Ms. Green said we will have it the day after Sunday.
Q: What day will the math test be?
   (A) on Saturday
   (B) on Sunday
   (C) on Monday
   (D) on Tuesday

해석 소년: 우리 수학 시험 언제야?
소녀: Green 선생님께서 일요일 다음 날에 본다고 말씀하셨어.
질문: 어떤 요일에 수학 시험이 있는가?
(A) 토요일에
(B) 일요일에
(C) 월요일에
(D) 화요일에
풀이 일요일 다음 날은 월요일이므로 (C)가 답이다.
Words and Phrases the day after ~의 다음 날

[18–19]
G: Jason was walking along the edge of a water fountain near the Grand Park Gate. He saw his friend Tom from his school coming into the park. When he tried to say hello to Tom, Jason lost his balance. He fell into the water. He was soaking wet! Jason was embarrassed.

18. Where was Jason when he saw Tom?
   (A) at the school fountain
   (B) in the swimming pool
   (C) on the edge of a slope
   (D) on the edge of a fountain
19. How did Jason feel after he fell?
   (A) He was tired.
   (B) He was excited.
   (C) He was interested.
   (D) He was embarrassed.

해석 소녀: Jason은 Grand Park 정문 근처에 있는 분수의 가장자리를 따라 걷고 있었다. 그는 자신의 학교 친구 Tom이 공원에 오는 것을 봤다. 그가 Tom에게 인사를 하려고 했을 때, Jason은 균형을 잃고 말았다. 그는 물속으로 빠졌다. 그는 흠뻑 젖었다! Jason은 부끄러웠다.

18. Tom을 봤을 때 Jason은 어디에 있었는가?
(A) 학교 분수에
(B) 수영장 안에
(C) 비탈면의 끝자락에
(D) 분수의 가장자리에

19. 빠지고 나서 Jason의 기분은 어땠는가?
(A) 그는 피곤했다.
(B) 그는 신이 났다.
(C) 그는 재밌어했다.
(D) 그는 부끄러웠다.

풀이 Jason은 분수의 가장자리를 따라 걷다가 Tom을 보았으므로 18번은 (D)가 답이다. 마지막 말에서 흠뻑 젖고 나서 Jason은 부끄러웠다고 했으므로 19번은 (D)가 답이다.
Words and Phrases along ~을 따라 | edge 끝, 가장자리 | fountain 분수 | lose 잃어버리다 | balance 균형 | soaking wet 흠뻑 젖은 | embarrassed 당황스러운 | slope 경사지, 비탈

[20–21]
B: I had a family trip to Russia with my family. It was really cold. I had to wear two coats, gloves, and a mask. We saw many famous buildings in Russia. We also enjoyed Russian music. It was called gusli and balalaika. All my family danced with the music. It was a great trip!

20. How was the weather?
   (A) It was hot.
   (B) It was cold.
   (C) It was snowy.
   (D) It was humid.

21. What did the speaker NOT mention to have worn in Russia?
    (A) a scarf
    (B) a mask
    (C) gloves
    (D) two coats

해석 소년: 가족과 함께 러시아로 가족 여행을 다녀왔다. 날씨가 정말 추웠다. 나는 코트 두 겹을 입고, 장갑을 끼고, 마스크를 써야 했다. 우리는 러시아의 많은 유명한 건물들을 보았다. 우리는 또한 러시아 음악을 즐겼다. 그것은 gusli와 balalaika라고 불렸다. 우리 가족 모두 음악에 맞춰 춤을 췄다. 멋진 여행이었다!

20. 날씨는 어땠는가?
(A) 더웠다.
(B) 추웠다.
(C) 눈이 왔다.
(D) 습했다.

21. 화자가 러시아에서 입은 것으로 언급되지 않은 것은 무엇인가?
(A) 스카프
(B) 마스크
(C) 장갑
(D) 코트 두 개

풀이 20번의 경우. 옷을 껴입을 정도로 날씨가 추웠다고 했으므로 (B)가 답이다. (C)의 경우. 추우면 눈이 올 수 있지만 눈이 왔다고 소년이 직접 언급하지는 않았으므로 오답이다. 한편, 스카프는 언급되지 않았으므로 21번은 (A)가 답이다.

Words and Phrases trip 여행 | wear ~을 입다 | coat 외투, 코트 | glove 장갑 | famous 유명한 | mention 언급하다 | scarf 스카프, 목도리 | humid 습한

[22-23]
G: Sophie is an elementary school student. She likes English very much. She reads many English books, and she is good at reading English. Her mom teaches English at Carleton Middle School, so her mom brings her many English books. She wants to be a pilot in the future, so she studies hard.

22. What does Sophie's mom do?
    (A) She is a pilot.
    (B) She is an author.
    (C) She is a student.
    (D) She is a teacher.
23. What is NOT true about Sophie?
    (A) She likes English.
    (B) She wants to be a pilot.
    (C) She wants to be a teacher.
    (D) She can read English books.

해석 소녀: Sophie는 초등학생이다. 그녀는 영어를 매우 좋아한다. 그녀는 많은 영어책을 읽고, 영어 읽기를 잘한다. 그녀의 어머니는 Carleton 중학교에서 영어를 가르치시기 때문에 그녀의 어머니는 그녀에게 많은 영어책을 가져다주신다. 그녀는 미래에 조종사가 되기를 원하기 때문에 공부를 열심히 한다.

22. Sophie의 어머니는 무슨 일을 하는가?
(A) 조종사이다.
(B) 작가이다.
(C) 학생이다.
(D) 선생님이다.

23. Sophie에 대해 사실이 아닌 것은 무엇인가?
(A) 그녀는 영어를 좋아한다.
(B) 그녀는 조종사가 되고 싶다.
(C) 그녀는 선생님이 되고 싶다.
(D) 그녀는 영어책을 읽을 수 있다.

풀이 Sophie의 어머니는 중학교에서 영어를 가르친다고 했으므로 22번은 (D)가 답이다. Sophie는 선생님이 아니라 조종사가 되고 싶어 함으로 23번은 (C)가 답이다.

Words and Phrases elementary 초보의, 초등의 | bring 가져오다 | pilot 조종사, 비행사 | future 미래 | author 작가

[24-25]
B: Ryan is in a soccer club called Galactico. He is the leader of the club. Every Tuesday, he practices soccer with other members. Everyone in Galactico enjoys playing soccer. Next week, they will play with another soccer team. Galactico will practice a lot for the game.

24. How often does Ryan play soccer?
    (A) every day
    (B) once a week
    (C) twice a week
    (D) twice a month
25. When will Galactico play with another soccer team?
    (A) tomorrow
    (B) next week
    (C) next month
    (D) next year

해석 소년: Ryan은 Galactico라고 불리는 축구단에 속해있다. 그는 주장이다. 매주 화요일, 그는 다른 단원들과 축구를 연습한다. Galactico의 모든 이들은 축구하는 것을 즐긴다. 다음 주, 그들은 다른 축구팀과 경기를 할 것이다. Galactico는 경기를 위해 연습을 많이 할 것이다.

24. Ryan은 얼마나 자주 축구를 하는가?
(A) 매일
(B) 일주일에 한 번
(C) 일주일에 두 번
(D) 한 달에 두 번

25. 언제 Galactico가 다른 축구팀과 경기를 하는가?

(A) 내일

(B) 다음 주

(C) 다음 달

(D) 내년

풀이 매주 화요일마다 축구 연습을 한다고 했으므로 24번은 (B)가 답이다. Ryan이 속한 축구팀 Galactico는 다음 주에 다른 축구팀과 시합을 할 것이라 말했으므로 25번은 (B)가 답이다.

Words and Phrases leader 리더, 지도자, 대표 | club 클럽, 동호회, 동아리 | practice 연습하다 | member 구성원, 회원 | once 한 번 | twice 두 번

Part D. Listen and Speak (p.49)

26. G: Tomorrow is our first day of school.

B: Do you know which class you are in?

G: Yes, class 4. What about you?

B: _____

(A) I'm very sad.

(B) Sure. I like it.

(C) I'm in class 3.

(D) I love going to school.

해석 소녀: 내일이 우리 학교에서의 첫날이야.

소년: 네가 몇 반인지 알아?

소녀: 응, 4반. 너는?

소년: _____

(A) 나는 매우 슬퍼.

(B) 물론. 그걸 좋아해.

(C) 난 3반이야.

(D) 난 학교 가는 게 좋아.

풀이 몇 반인지 되묻는 말에 3반이라고 알맞은 정보를 말하는 (C)가 답이다.

27. B: May I help you?

G: I want to buy a pair of shoes.

B: Who's going to wear them?

G: _____

(A) I can buy them.

(B) I won't do it. Sorry.

(C) It's a gift for my mom.

(D) Right. You can wear it.

해석 소년: 도와드릴까요?

소녀: 신발 한 켤레를 사고 싶은데요.

소년: 누가 신을 건가요?

소녀: _____

(A) 저 살 수 있어요.

(B) 안 할게요. 죄송합니다.

(C) 엄마를 위한 선물이에요.

(D) 맞아요. 당신은 신을 수 있어요.

풀이 신발을 누가 신을 건지 묻는 말에 엄마를 위한 선물이라며 소녀의 엄마가 신을 것임을 암시하는 (C)가 답이다.

Words and Phrases a pair of shoes 신발 한 켤레 | gift 선물

28. G: Where is Gilbert?

B: He went to the zoo with Kate.

G: I need to talk to him.

B: _____

(A) You can call him.

(B) I want to go to the zoo.

(C) Tigers are my favorite.

(D) No, I will not talk to him.

해석 소녀: Gilbert는 어디 있어?

소년: Kate랑 동물원에 갔어.

소녀: 그한테 할 말이 있어.

소년: _____

(A) 그한테 전화할 수 있잖아.

(B) 나는 동물원에 가고 싶어.

(C) 호랑이가 내가 가장 좋아하는 거야.

(D) 아니, 난 그한테 얘기하지 않을 거야.

풀이 소녀가 Gilbert에게 할 말이 있다는 말에 전화로 할 수 있다고 방안을 제시하는 (A)가 답이다.

Words and Phrases need to ~해야 한다 | talk to ~에게 말하다, ~와 대화하다 | call ~에게 전화하다 | favorite 특히 (가장) 좋아하는 것

29. B: I moved to a new apartment.

G: That's great! Can I go see it?

B: Sure. When can you come?

G: _____

(A) I am not going.

(B) What's the big deal?

(C) How about next Friday?

(D) I want to visit your house.

해석 소년: 새 아파트로 이사했어.

소녀: 좋겠다! 구경하러 가도 돼?

소년: 물론. 언제 올 수 있어?

소녀: _____

(A) 난 안 갈 거야.

(B) 뭐가 그렇게 대단해?

(C) 다음 주 금요일 어때?

(D) 너희 집 가보고 싶다.

풀이 새로 이사한 아파트에 언제 놀러 올 건지 묻는 말에 다음 주 금요일은 어떤지 제안하는 (C)가 답이다.

Words and Phrases move to ~로 이사하다 | apartment 아파트 | visit 방문하다 | What's the big deal? 뭐가 그리 대단해?

30. G: I'm really hungry!

   B: Why don't we go to Tammy's Pizza?

   G: Sure. Where is it?

   B: _____

   (A) Sounds great.

   (B) They have nice pizza.

   (C) It's next to the hospital.

   (D) Sorry. I'm too busy.

해석 소녀: 나 정말 배고파!

   소년: Tammy네 Pizza에 가는 건 어때?

   소녀: 물론. 그게 어딨는 거야?

   소년: _____

   (A) 좋은 의견이야.

   (B) 거기 피자가 맛있어.

   (C) 그건 병원 옆에 있어.

   (D) 미안. 나 너무 바빠.

풀이 피자집의 위치를 묻는 말에 병원 옆에 있다며 위치를 말해주는 (C)가 답이다.

Words and Phrases Why don't we ~? 우리 ~하는 건 어때? | next to ~옆에

SECTION II READING AND WRITING

Part A. Sentence Completion (p.52)

1. A: What do you do _____ the morning?

   B: I take my dog for a walk.

   (A) at

   (B) on

   (C) in

   (D) under

해석 A: 너는 아침에 무엇을 하니?

   B: 개를 데리고 산책을 해.

   (A) ~에

   (B) ~위에

   (C) ~에

   (D) ~아래

풀이 'in the morning'은 '아침에'라는 뜻으로 쓰이는 표현이므로 (C)가 답이다.

Words and Phrases walk 산책, 걷기

2. A: Can I borrow your book?

   B: Sorry, you can't. _____ don't you go to the library?

   (A) Why

   (B) How

   (C) Can

   (D) What

해석 A: 네 책을 빌릴 수 있을까?

   B: 미안, 안 돼. 도서관에 가보는 건 어때?

   (A) 왜

   (B) 어떻게

   (C) ~할 수 있다

   (D) 무엇

풀이 상대방에게 제안을 할 때 '~하는 게 어때'라는 뜻의 'Why don't you ~?'의 문장 패턴을 사용한다. 따라서 (A)가 답이다.

Words and Phrases borrow 빌리다 | why don't you ~? ~하는 게 어때? | library 도서관

3. A: What does he like the _____?

   B: Roller coasters, I think.

   (A) more

   (B) most

   (C) many

   (D) much

해석 A: 그가 가장 좋아하는 게 뭐야?

   B: 롤러코스터 같은데.

   (A) 더

   (B) 가장

   (C) 많은 (가산 명사)

   (D) 많은 (불가산 명사)

풀이 정관사 'the'가 있는 것으로 보아 빈칸에 최상급이 오는 것이 적절하다. 따라서 (B)가 답이다.

Words and Phrases roller coaster 롤러코스터

4. A: What will you do _____ vacation?

   B: I will visit my grandparents.

   (A) at

   (B) to

   (C) while

   (D) during

해석 A: 방학 중에 뭐 할 거야?

   B: 조부모님 댁에 방문할 거야.

   (A) ~에

   (B) ~로

   (C) ~하는 동안

   (D) ~중에

풀이 'vacation'은 명사이며 전치사인 'during' 뒤에 나와서 '방학 동안'이라는 뜻을 나타낼 수 있다. 따라서 (D)가 답이다. (C)의 경우 'while'은 '~동안'이라는 뜻을 가지지만 주어와 동사가 들어가는 절이 뒤따라 나와야 하므로 오답이다.

Words and Phrases during ~중에, ~동안 | vacation 방학, 휴가 | while ~하는 동안

5. A: How long _____ it take to go to school?
B: About 30 minutes.
(A) do
(B) am
(C) does
(D) doing

해석 A: 학교까지 가는 데 얼마나 걸려?
B: 30분쯤.
(A) 조동사 do (1/2인칭, 3인칭 복수)
(B) be 동사의 현재형 (1인칭 단수)
(C) 조동사 does (3인칭 단수)
(D) 하고 있는

풀이 의문문을 사용할 때, 'be동사/조동사+주어+동사'로 쓰인다. A의 문장 속 주어는 3인칭 단수 'it'이므로 (C)가 답이다.

Words and Phrases how long 얼마나 오래 | it takes A to B B를 하는 데 A만큼 걸리다

Part B. Situational Writing (p.53)

6. The trumpet is _____.
(A) as big as the cello
(B) less than the cello
(C) bigger than the cello
(D) smaller than the cello

해석 트럼펫이 첼로보다 작다.
(A) 첼로만큼 크다
(B) 첼로보다 적다
(C) 첼로보다 크다
(D) 첼로보다 작다

풀이 트럼펫이 첼로보다 크기가 작으므로 (D)가 답이다. (B)의 경우, 'less'는 'little'(적은)의 비교급 형태이며 양이 더 적을 때 쓰일 수 있는 단어이므로 오답이다.

7. The man _____.
(A) is buying a camera
(B) is selling a camera
(C) is taking a picture of himself
(D) is taking a picture of a couple

해석 남자가 커플의 사진을 찍고 있다.
(A) 카메라를 사고 있다
(B) 카메라를 팔고 있다
(C) 자신의 사진을 찍고 있다
(D) 커플의 사진을 찍고 있다

풀이 남자가 커플의 사진을 찍고 있으므로 (D)가 답이다.

Words and Phrases sell 팔다 | take a picture of ~의 사진을 찍다

8. The children are _____.
(A) throwing books
(B) drawing on the board
(C) cleaning the classroom
(D) decorating the classroom

해석 아이들이 교실을 청소하고 있다.
(A) 책을 던지고 있다
(B) 칠판에 그리고 있다
(C) 교실을 청소하고 있다
(D) 교실을 꾸미고 있다

풀이 아이들이 교실을 치우고 있으므로 (C)가 답이다.

Words and Phrases throw 던지다 | draw 그리다 | board 칠판 | decorate 꾸미다, 장식하다

9. The people are _____.
(A) having a party
(B) eating in a cafe
(C) working in an office
(D) travelling around the world

해석 사람들이 사무실에서 일하고 있다.
(A) 파티를 하고 있다
(B) 식당에서 식사하고 있다
(C) 사무실에서 일하고 있다
(D) 세계 일주를 하고 있다

풀이 사람들이 사무실에서 일하고 있으므로 (C)가 답이다.

Words and Phrases travel 여행하다 | around the world 세계 곳곳에

10. After school, I will _____ with my mom.
(A) bake a cake
(B) play soccer
(C) go shopping
(D) clean the house

해석 방과 후에, 나는 엄마와 쇼핑을 갈 것이다.
(A) 빵을 굽다
(B) 축구를 하다
(C) 쇼핑을 하다
(D) 집을 청소하다

풀이 물품이 가득 담긴 카트를 보아 쇼핑을 하는 것이므로 (C)가 답이다.

Words and Phrases go shopping 쇼핑하다

Part C. Practical Reading and Retelling (p.55)

[11-12]

11. How much are a fish cake and a cola?

    (A) 1 dollar

    (B) 2 dollars

    (C) 3 dollars

    (D) 4 dollars

12. What can you buy with 3 dollars?

    (A) a pork cutlet

    (B) noodles and fried shrimp

    (C) dumplings and a fish cake

    (D) fried shrimp and dumplings

해석

> Golden Mama의 스낵바
>
> 새우 튀김 – 2달러
> 국수 – 2달러
> 돈가스 – 5달러
> 만두 – 3달러
> 어묵 – 1달러
>
> * 국수와 튀긴 새우 콤보 3달러
> * 콜라는 공짜

11. 어묵 하나와 콜라는 얼마인가?

(A) 1달러

(B) 2달러

(C) 3달러

(D) 4달러

12. 3달러로 무엇을 살 수 있는가?

(A) 돈가스

(B) 국수와 튀긴 새우

(C) 만두와 어묵

(D) 튀긴 새우와 만두

풀이 어묵(Fish Cake)은 1달러, 콜라(Cola)는 무료이므로 총 1달러이다. 따라서 11번은 (A)가 답이다. 국수와 튀긴 새우 콤보는 3달러라고 했으므로 12번은 (B)가 답이다.

Words and Phrases fried 튀긴 | shrimp 새우 | noodle 국수 | pork cutlet 돈가스 | dumpling 만두 | free 무료의, 공짜의

[13-14]

13. What should the students bring?

    (A) skis

    (B) poles

    (C) gloves

    (D) ski boots

14. Who is this camp for?

    (A) high school students

    (B) middle school students

    (C) elementary school teachers

    (D) elementary school students

해석

> 초등학생들을 위한 스키 캠프
>
> 학생들이 가져와야 하는 것:
> – 고글
> – 장갑
> – 따뜻한 옷
> – 목도리
>
> 아이들에게 주는 물품:
> – 스키
> – 스키 부츠
> – 스키 폴

13. 학생들은 무엇을 가져와야 하는가?

(A) 스키

(B) 폴

(C) 장갑

(D) 스키 부츠

14. 누구를 위한 캠프인가?

(A) 고등학생

(B) 중학생

(C) 초등학교 교사

(D) 초등학생

풀이 13번의 경우, 학생들이 가져와야 할 품목에 장갑이 있으므로 (C)가 답이다. 나머지 선지의 경우 모두 캠프에서 제공한다고 했으므로 오답이다. 한편, 맨 위에 초등학생들을 위한 스키 캠프라고 쓰여있으므로 14번은 (D)가 답이다.

Words and Phrases goggles 고글 | glove 장갑 | warm 따뜻한 | pole 막대기

New Book Coming Soon!

Bestselling author Joe Bokono is coming out with a new book — a follow-up to his 2013 best seller *Wolf Couple*. It is titled *Stone Man*.

If you buy the book you also get:
- a bookmark with a picture of Bokono
- Bokono's autograph on the front
- a notebook with quotes from the book

* This event lasts until January 3rd.

15. What is NOT true about *Stone Man*?

(A) Joe Bokono wrote it.

(B) It was published in 2013.

(C) It has a notebook with quotes.

(D) You can get a bookmark with it.

16. What is *Wolf Couple*?

(A) a new book by Bokono

(B) a book published on January 1st

(C) a book with a notebook for quotes

(D) a book released before *Stone Man*

해석

> 신간 도서 곧 출간!
>
> 베스트셀러 작가 Joe Bokono가 새 책으로 돌아옵니다 — 2013년 그의 베스트셀러작 *Wolf Couple*의 후속작으로. 제목은 *Stone Man* 입니다.
>
> 도서를 구입하시면 다음을 드립니다:
> – Bokono 작가의 사진이 있는 책갈피
> – 책 앞면에 Bokono 작가의 사인
> – 책의 인용문이 적힌 공책
>
> * 이 행사는 1월 3일까지 지속됩니다.

15. *Stone Man*에 관해 사실이 아닌 것은 무엇인가?

(A) Joe Bokono가 썼다.

(B) 2013년에 출간됐다.

(C) 인용문이 적힌 공책이 있다.

(D) 책갈피를 함께 얻을 수 있다.

16. *Wolf Couple*은 무엇인가?

(A) Bokono의 신간

(B) 1월 1일 출간된 도서

(C) 인용문을 쓴 공책이 있는 도서

(D) *Stone Man* 이전에 발간된 도서

풀이 15번은 'a follow-up to his 2013 best seller *Wolf Couple*'에서 알 수 있 듯이 2013년에 출간된 책은 *Stone Man*이 아니라 이전에 출간된 *Wolf Couple*이므로 (B)가 답이다. 16번의 경우 'a follow-up to his 2013 best seller *Wolf Couple*'을 통해 *Stone Man*이 *Wolf Couple*의 후속작 임을 알 수 있으므로 (D)가 답이다. (A)의 경우 Bokono의 신간은 *Stone Man*이므로 오답이다.

Words and Phrases follow—up 후속작, 후속편 | bestseller 베스트셀러, 인기상품 | title 제목을 붙이다 | bookmark 책갈피 | autograph 사인 | front 앞면, 앞쪽 | quote 인용구 | last (특정한 시간 동안) 지속하다, 계속되다 | publish 출판[발행]하다 | release 공개하다, 풀어 주다

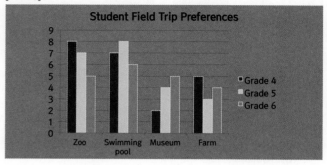

17. Which place did the most students choose?

(A) zoo

(B) farm

(C) museum

(D) swimming pool

18. How many students prefer the museum?

(A) 9

(B) 10

(C) 11

(D) 12

해석 17. 가장 많은 학생들이 선택한 장소는 무엇인가?

(A) 동물원

(B) 농장

(C) 박물관

(D) 수영장

18. 몇 명의 학생들이 박물관을 선호하는가?

(A) 9

(B) 10

(C) 11

(D) 12

풀이 17번의 경우, 동물원은 총 20명. 수영장은 총 21명. 박물관은 총 11 명. 농장은 총 12명이 선택했으므로 가장 많은 학생들이 선택한 수영 장, 즉 (D)가 답이다. 한편, 박물관은 총 11명의 학생들이 선호하므로 18번은 (C)가 답이다.

Words and Phrases field trip 현장 학습 | prefer ~을 선호하다

[19–20]

Jonathan's Birthday Party

Jonathan is celebrationg his 12ᵗʰ birthday at his house!
Please come and celebrate with him.

Place : 20 Royal Street
Time : 3PM
Date : November 2ⁿᵈ

* Bring an apple to make a candy apple!

19. When is Jonathan having a party?
   (A) November 2ⁿᵈ 2PM
   (B) November 2ⁿᵈ 3PM
   (C) November 12ᵗʰ 2PM
   (D) November 12ᵗʰ 3PM

20. What should people bring to the birthday party?
   (A) an apple
   (B) a present
   (C) some food
   (D) a birthday card

해석

Jonathan의 생일 파티

Jonathan이 그의 집에서 12번째 생일을 축하합니다!
함께 와서 축하해주세요.

장소: Royal 거리 20번지
시간: 오후 3시
날짜: 11월 2일

* 사과 사탕을 만들기 위해 사과 한 개를 가져오세요!

19. Jonathan은 언제 파티를 하는가?
(A) 11월 2일 오후 2시
(B) 11월 2일 오후 3시
(C) 11월 12일 오후 2시
(D) 11월 12일 오후 3시

20. 사람들은 생일파티에 무엇을 가져가야 하는가?
(A) 사과
(B) 선물
(C) 먹을거리
(D) 생일카드

풀이 시간은 '3PM' 날짜는 'November 2ⁿᵈ'라고 했으므로 19번은 (B)가 답이다. 사과 사탕을 만들기 위해 사과를 가져오라고 했으므로 20번은 (A)가 답이다.

Words and Phrases celebrate 축하하다 | present 선물

Part D. General Reading and Retelling (p.60)

[21–22]
Susan was playing basketball in class. Suddenly, the ball Joan threw came at her face. She got hit by the ball and fell down. Everyone went over to her to see if she was okay. Susan quickly got up and told her classmates that she was all right. Joan apologized to her after class.

21. Why did Susan fall down?
   (A) Joan punched her.
   (B) She was hit by a ball.
   (C) Everyone pushed her.
   (D) She tripped by herself.

22. What would Joan likely say to Susan?
   (A) Give me my ball back.
   (B) I wish you would leave.
   (C) I'm so sorry for hurting you.
   (D) Say sorry for hitting me with the ball.

해석 Susan은 수업 중에 농구를 하고 있었다. 갑자기, Joan이 던진 공이 그녀의 얼굴에 날아왔다. 그녀는 공에 맞고 넘어졌다. 모두가 그녀가 괜찮은지 보기 위해 그녀에게로 갔다. Susan은 재빨리 일어나 반 친구들에게 괜찮다고 말했다. Joan은 수업이 끝나고 그녀에게 사과했다.

21. Susan은 왜 넘어졌는가?
(A) Joan이 그녀를 때렸다.
(B) 공에 맞았다.
(C) 모두가 그녀를 밀었다.
(D) 발을 헛디뎌 넘어졌다.

22. Joan이 Susan에게 했을 말로 가장 적절한 것은 무엇인가?
(A) 내 공 돌려줘.
(B) 네가 떠났으면 좋겠어.
(C) 다치게 해서 정말 미안해.
(D) 공으로 나를 쳐서 미안하다고 말해.

풀이 수업 중에 Joan이 던진 공이 Susan에게 날아왔고 Susan이 그 공에 맞아 넘어졌다고 했으므로 21번은 (B)가 답이다. 22번의 경우, Joan이 수업이 끝난 후 Susan에게 사과했다고 했으므로 다치게 해서 미안하다고 사과하는 (C)가 답이다.

Words and Phrases get hit 맞다, 치이다 | quickly 재빨리 | get up 일어나다 | apologize 사과하다 | punch 주먹으로 치다 [때리다] | push 밀다 | trip 발을 헛디디다 | leave 떠나다

[23-24]

Jessie went to the supermarket to buy things that her mom asked for. Her mother gave her 10 dollars to buy everything. She wants to buy 2 carrots, 5 eggs, and a cucumber. But the sign says a carrot is 2 dollars, an egg is a dollar, and a cucumber is 4 dollars.

23. How much does she need to buy everything she wants?

    (A) 11 dollars

    (B) 12 dollars

    (C) 13 dollars

    (D) 14 dollars

24. What one item must she delete from the list?

    (A) an egg

    (B) a carrot

    (C) two eggs

    (D) a cucumber

해석 Jessie는 엄마가 부탁한 것들을 사기 위해 슈퍼마켓에 갔다. 그녀의 어머니는 그녀에게 모든 것을 다 사라고 10달러를 주었다. 그녀는 당근 2개, 달걀 5개 그리고 오이 1개를 사고 싶었다. 그러나 표시에 따르면 당근은 2달러였고, 달걀은 1달러, 오이는 4달러였다.

23. 그녀가 원하는 것을 다 사려면 얼마가 필요한가?

(A) 11달러

(B) 12달러

(C) 13달러

(D) 14달러

24. 그녀가 목록에서 없애야 하는 물품은 무엇인가?

(A) 달걀 1개

(B) 당근 1개

(C) 달걀 2개

(D) 오이 1개

풀이 당근 2개, 달걀 5개, 오이 1개는 각각 4달러, 5달러, 4달러이다. 이를 모두 합하면 13달러이므로 23번은 (C)가 답이다. 한 편, Jessie가 사려는 물품들은 총 13달러인데 그녀에게는 10달러밖에 없으므로 최소 3달러 이상의 물품을 없애야 한다(13-10=3). 따라서 24번은 4달러인 (D)가 답이다. (A), (B), (C)의 경우 모두 3달러 미만이므로 오답이다.

Words and Phrases ask for ~을 부탁하다 | cucumber 오이 | sign 신호, 표시

[25-26]

Are your children watching too much TV? Do they cry when you turn off the TV? Join ByeTV now to solve the problem! We block the TV, and it cannot be turned on until the time you set. With ByeTV, you don't have to argue with your children anymore.

25. What does ByeTV do?

    (A) block the TV

    (B) turn on the TV

    (C) argue with children

    (D) make children watch TV

26. What kind of passage is this?

    (A) a letter

    (B) a manual

    (C) a news article

    (D) an advertisement

해석 여러분의 아이들이 TV를 너무 많이 시청 하나요? TV를 끄면 우나요? 문제를 해결하기 위해 이제 ByeTV에 가입하세요! 저희는 TV를 차단하고, TV는 여러분이 맞춰놓은 시간이 되기 전까지 켜질 수 없습니다. ByeTV와 함께라면, 더는 여러분의 아이들과 씨름할 필요 없습니다.

25. ByeTV는 무엇을 하는가?

(A) TV를 차단한다

(B) TV를 튼다

(C) 아이들과 다툰다

(D) 아이들이 TV를 보도록 만든다

26. 본문은 무슨 종류의 글인가?

(A) 편지

(B) 설명서

(C) 뉴스 기사

(D) 광고

풀이 중간의 'we block the TV'에서 ByeTV의 기능이 TV를 차단하는 것임을 알 수 있으므로 25번은 (A)가 답이다. TV 차단 상품인 ByeTV를 광고하는 것이라 볼 수 있으므로 26번은 (D)가 답이다.

Words and Phrases turn off ~을 끄다 | join ~에 가입하다 | solve 해결하다 | turn on ~을 켜다 | argue with ~와 말다툼을 벌이다 | block 막다, 차단하다 | manual 설명서, 매뉴얼 | article (신문·잡지의) 글, 기사 | advertisement 광고

[27–28]

Next Monday is my cousin's wedding. I went to the mall to buy a nice dress for the wedding. I wanted a green dress and found the perfect one at a dress shop. I asked the clerk for the right size. However, she said the green dress was sold out. She only had a blue dress in my size. So, I had to buy the blue dress instead.

27. Which dress did the girl buy?

    (A) a green dress

    (B) a blue dress

    (C) a long dress

    (D) a short dress

28. Why did the girl go to the mall?

    (A) to buy a dress

    (B) to talk to the clerk

    (C) to go to a wedding

    (D) to meet her cousin

해석 다음 주 월요일은 내 사촌 결혼식이다. 나는 결혼식에 입을 멋진 드레스를 사기 위해 쇼핑몰에 갔다. 나는 초록색 드레스를 원했고 드레스 가게에서 완벽한 것을 찾았다. 나는 점원에게 알맞은 치수를 부탁했다. 그러나 그녀는 초록색 드레스가 다 팔렸다고 말했다. 그녀는 내 치수에 맞는 파란 드레스만 가지고 있었다. 그래서, 나는 대신 파란색 드레스를 사야만 했다.

27. 그녀는 어떤 드레스를 샀는가?

(A) 초록색 드레스

(B) 파란색 드레스

(C) 긴 드레스

(D) 짧은 드레스

28. 소녀는 왜 쇼핑몰에 갔는가?

(A) 드레스를 사려고

(B) 점원과 대화하려고

(C) 결혼식에 가려고

(D) 그녀의 사촌을 만나려고

풀이 글쓴이는 초록색 드레스를 사고 싶었으나 다 팔려서 대신 파란색 드레스를 샀다고 했으므로 27번은 (B)가 답이다. 글쓴이가 사촌 결혼식에 입을 멋진 드레스를 사려고 쇼핑몰에 갔다고 했으므로 28번은 (A)가 답이다.

Words and Phrases wedding 결혼식 | mall 쇼핑몰 | clerk 점원, 직원 | sold out 매진된, 다 팔린 | instead 대신에

[29–30]

Mr. Leigh travels all over the world. Last summer he went on a trip to Europe. He visited London, Paris, and Amsterdam. He liked London the most because all the Londoners he met were really kind. He is going to go to Russia this winter. Although he is afraid of cold weather, he cannot wait to take the Siberian Express Railroad. He will be there for three months.

29. Where did Mr. Leigh NOT visit this summer?

    (A) Russia

    (B) Paris

    (C) Amsterdam

    (D) London

30. Why did Mr. Leigh like London?

    (A) because it was not cold in London

    (B) because he took the Siberian Express

    (C) because he lived there for three months

    (D) because the people in London were kind

해석 Leigh 씨는 세계 일주를 한다. 지난여름에 그는 유럽 여행을 떠났다. 그는 런던, 파리 그리고 암스테르담을 방문했다. 그는 런던을 가장 좋아했는데 왜냐하면 그가 만난 런던 사람들이 모두 매우 친절해서였다. 그는 올겨울 러시아에 간다. 그는 비록 추운 날씨가 두렵지만, 시베리아 횡단 철도를 타는 것이 매우 기대된다. 그는 거기에서 3개월 동안 있을 것이다.

29. Leigh씨가 이번 여름 방문하지 않은 곳은 어디인가?

(A) 러시아

(B) 파리

(C) 암스테르담

(D) 런던

30. Leigh씨는 왜 런던을 좋아했는가?

(A) 런던이 춥지 않았기 때문에

(B) 시베리아 철도를 탔기 때문에

(C) 거기서 3개월 동안 살았기 때문에

(D) 런던의 사람들이 친절했기 때문에

풀이 Leigh 씨가 지난여름에 런던, 파리, 암스테르담을 방문했고 러시아는 올겨울에 방문할 예정이라고 했으므로 29번은 (A)가 답이다. 한 편, Leigh 씨가 지난 여름 방문한 세 도시 중 런던을 가장 좋아한 이유는 런던의 사람들이 매우 친절했기 때문이라고 했으므로 30번은 (D)가 답이다.

Words and Phrases be afraid of ~을 두려워하다, 겁내다

TOSEL BASIC

심화 3회

Section I Listening and Speaking

1 **(A)**	2 **(B)**	3 **(C)**	4 **(B)**	5 **(D)**
6 **(A)**	7 **(D)**	8 **(C)**	9 **(B)**	10 **(C)**
11 **(B)**	12 **(C)**	13 **(A)**	14 **(B)**	15 **(C)**
16 **(D)**	17 **(A)**	18 **(B)**	19 **(B)**	20 **(A)**
21 **(B)**	22 **(D)**	23 **(D)**	24 **(A)**	25 **(C)**
26 **(D)**	27 **(D)**	28 **(B)**	29 **(C)**	30 **(C)**

Section II Reading and Writing

1 **(C)**	2 **(C)**	3 **(A)**	4 **(A)**	5 **(D)**
6 **(B)**	7 **(D)**	8 **(A)**	9 **(C)**	10 **(D)**
11 **(C)**	12 **(A)**	13 **(B)**	14 **(D)**	15 **(A)**
16 **(D)**	17 **(C)**	18 **(B)**	19 **(D)**	20 **(A)**
21 **(D)**	22 **(D)**	23 **(B)**	24 **(B)**	25 **(C)**
26 **(D)**	27 **(D)**	28 **(D)**	29 **(A)**	30 **(C)**

SECTION I   LISTENING AND SPEAKING

Part A. Listen and Recognize (p.72)

1. B: Nancy is playing with four rabbits.
   (A)
해석 소년: Nancy가 토끼 4마리와 놀고 있다.
풀이 소녀가 토끼 4마리와 놀고 있는 그림 (A)가 답이다.

2. G: The boy is studying in the classroom.
   (B)
해석 소녀: 소년이 교실에서 공부하고 있다.
풀이 소년을 비롯해 아이들이 교실에서 공부하고 있는 그림 (B)가 답이다.

3. B: The boy is small and cute.
   (C)
해석 소년: 소년은 키가 작고 귀엽다.
풀이 키가 작고 귀여운 소년이 있는 그림 (C)가 답이다.

4. G: Gina is reading a picture book.
   (B)
해석 소녀: Gina가 그림책을 읽고 있다.
풀이 소녀가 그림책을 읽고 있는 그림 (B)가 답이다.
Words and Phrases picture book 그림책

5. B: The dog is next to the house.
   (D)
해석 소년: 개가 집 옆에 있다.
풀이 집 옆에 개가 있는 그림 (D)가 답이다.
Words and Phrases next to ~의 옆에

PART B. Listen and Respond (p.74)

6. G: Do you know James Dawning?
   B: _____
   (A) Yes, he's my friend.
   (B) No, I'm running late.
   (C) No, I think I know him.
   (D) Yes, I like James Potter.
해석 소녀: 너 James Dawning 알아?
   소년: _____
   (A) 응, 그는 내 친구야.
   (B) 아니, 난 늦을 듯해.
   (C) 아니, 그를 아는 것 같아.
   (D) 응, James Potter를 좋아해.
풀이 특정 인물과 아는 사이인지 묻는 말에 자신의 친구라고 답하는 (A)가 답이다. (C)의 경우, 'No'라고 대답한 뒤에는 그 사람을 모른다는 내용이 나와야 하므로 오답이다.
Words and Phrases running late 늦어지고 있는

7. M: What can I do for you?
   G: _____
   (A) No, I can't.
   (B) No, I didn't.
   (C) Yes, I can help you.
   (D) Can I get some water?
해석 남자: 무엇을 도와드릴까요?
   소녀: _____
   (A) 아뇨, 전 할 수 없어요.
   (B) 아뇨, 전 하지 않았어요.
   (C) 네, 전 도와드릴 수 있어요.
   (D) 물 좀 마실 수 있을까요?
풀이 무엇을 원하는지 묻는 말에 물을 달라고 부탁하는 (D)가 답이다.

8. G: Oh gosh, is it your birthday today?
   B: _____
   (A) Yes, they're mine.
   (B) Yes, it's next month.
   (C) No, it was yesterday.
   (D) No, they're not mine.
해석 소녀: 이런, 오늘이 네 생일이야?
   소년: _____
   (A) 응, 그것들은 내 거야.
   (B) 응, 다음 달이야.
   (C) 아니, 어제였어.
   (D) 아니, 그것들은 내 것이 아니야.

풀이 오늘이 생일인지 묻는 말에 생일은 어제였다고 답하는 (C)가 답이다.

9. B: I like the color of your new sweater.

G: _____

(A) I am sorry.

(B) Thank you.

(C) That's okay.

(D) You're welcome.

해석 소년: 네 새 스웨터의 색깔이 마음에 들어.

소녀: _____

(A) 미안해.

(B) 고마워.

(C) 괜찮아.

(D) 천만에.

풀이 소녀가 입은 새 스웨터의 색이 마음에 든다고 칭찬하는 말에 고맙다고 답하는 (B)가 답이다.

10. G: How tall is your brother?

B: _____

(A) Yes, it's taller.

(B) No, he's taller.

(C) He's 140 centimeters.

(D) He's seven years old.

해석 소녀: 네 남동생은 키가 몇이야?

소년: _____

(A) 응, 그건 키가 더 커.

(B) 아니, 그가 더 키가 커.

(C) 그는 140cm야.

(D) 그는 7살이야.

풀이 소년의 남동생이 키가 몇인지 묻는 말에 140cm라며 알맞은 정보를 제공하는 (C)가 답이다.

Words and Phrases how tall 얼마나 키가 큰

Part C. Listen and Retell (p.75)

11. B: I'm running late for school!

W: I'll drive you there then.

Q: Where is the boy going?

(B)

해석 소년: 학교에 지각할 거 같아요!

여자: 그럼 내가 거기까지 태워다 줄게.

질문: 소년은 어디에 가는가?

풀이 소년이 학교에 지각할 것 같다고 하자 여자가 태워준다고 말하고 있다. 여기서 소년이 가려는 곳이 학교임을 알 수 있으므로 학교 그림 (B)가 답이다.

Words and Phrases running late 늦어지고 있는 | drive 태워다 주다

12. G: Have you read this book before?

B: Yes, I read it last year.

Q: What are they talking about?

(C)

해석 소녀: 이 책을 읽어본 적 있어?

소년: 응. 작년에 읽었어.

질문: 그들은 무엇에 관해 이야기하고 있는가?

풀이 어떤 책을 읽었는지 묻고 답하고 있다. 책에 관해 대화를 나누고 있으므로 책 그림 (C)가 답이다.

13. B: How's the weather in Brazil in January?

G: It's hot and sunny.

Q: What's the weather like in Brazil in January?

(A)

해석 소년: 1월에 브라질 날씨는 어때?

소녀: 덥고 화창해.

질문: 1월에 브라질 날씨는 어떤가?

풀이 덥고 화창함을 나타내는 태양 그림 (A)가 답이다.

14. G: How much is this crayon?

M: A set of 5 colors is 2 dollars.

Q: How many crayons are there in a set?

(A) 2

(B) 5

(C) 7

(D) 10

해석 소녀: 이 크레용은 얼마인가요?

남자: 5색 세트는 2달러입니다.

질문: 한 세트에 몇 개의 크레용이 들어있는가?

(A) 2

(B) 5

(C) 7

(D) 10

풀이 'a set of 5 colors'라고 했으므로 한 세트에는 다섯 가지의 색이 있음을 알 수 있다. 따라서 (B)가 답이다.

Words and Phrases crayon 크레용 | set 세트

15. B: I'm starving. What are we having for dinner?

W: We're having steak, potatoes, and carrots.

Q: What are they NOT having for dinner?

(A) steak

(B) carrots

(C) lettuce

(D) potatoes

해석 소년: 엄청 배고파요. 저녁으로 뭘 먹나요?

여자: 스테이크, 감자 그리고 당근을 먹을 거란다.

질문: 그들이 저녁으로 먹지 않을 것은 무엇인가?

(A) 스테이크

(B) 당근

(C) 상추

(D) 감자

풀이 여자의 말에서 상추는 언급되지 않았으므로 (C)가 답이다.

16. G: Can you go to the movies tonight?
    B: Sorry, I have to study for the math test.
    Q: What will the boy be doing tonight?
      (A) watching TV
      (B) doing homework
      (C) going to the movies
      (D) studying for the math test

해석 소녀: 오늘 밤에 영화 보러 갈 수 있어?
    소년: 미안, 수학 시험공부해야 돼.
    질문: 소년은 오늘 밤 무엇을 할 것인가?
    (A) TV 시청
    (B) 숙제하기
    (C) 영화 보러 가기
    (D) 수학 시험공부

풀이 소년은 영화를 보러 가지 않고 수학 시험공부를 해야 한다고 말했으므로 (D)가 답이다.

17. B: What's your favorite animal?
    G: I like big and brave animals.
    Q: What animal might the girl like?
      (A) tigers
      (B) rabbits
      (C) squirrels
      (D) hamsters

해석 소년: 제일 좋아하는 동물이 뭐야?
    소녀: 난 크고 용맹한 동물들이 좋아.
    질문: 소녀는 어떤 동물을 좋아할 것인가?
    (A) 호랑이
    (B) 토끼
    (C) 다람쥐
    (D) 햄스터

풀이 보기 중 몸집이 크고 용맹한 동물이라 할 수 있는 동물은 호랑이밖에 없다. 따라서 (A)가 답이다.

Words and Phrases favorite (가장) 마음에 드는 | brave 용감한 | squirrel 다람쥐 | hamster 햄스터

[18-19]
B: Yesterday, I went to Safari Park with my sister. There were lions, monkeys, peacocks, whales, and many more. My sister's favorite animal was the beluga. We went to see the beluga show at the Sea Dome. It was very cute and smart. We had lots of fun.

18. What animal does the boy's sister like?
      (A) lions
      (B) belugas
      (C) monkeys
      (D) peacocks

19. Where did they see the beluga show?
      (A) Sea Park
      (B) Sea Dome
      (C) Park Dome
      (D) Safari Dome

해석 소년: 어제, 나는 여동생이랑 사파리 공원에 갔다. 사자, 원숭이, 공작새, 고래 등 많은 동물들이 있었다. 내 여동생이 가장 좋아하는 동물은 흰돌고래였다. 우리는 Sea Dome으로 흰돌고래 쇼를 보러 갔다. 그것은 매우 귀엽고 영리했다. 정말로 즐거운 시간을 보냈다.
    18. 소년의 여동생은 어떤 동물을 좋아하는가?
    (A) 사자
    (B) 흰돌고래
    (C) 원숭이
    (D) 공작새

    19. 그들은 어디서 흰돌고래 쇼를 보았는가?
    (A) Sea 공원
    (B) Sea 돔
    (C) Park 돔
    (D) Safari 돔

풀이 여동생은 흰돌고래를 가장 좋아한다고 했으므로 18번은 (B)가 답이다. Sea Dome에서 흰돌고래 쇼를 보러 갔다고 했으므로 19번은 (B)가 답이다.

Words and Phrases safari 사파리 여행 | peacock 공작 | beluga 흰돌고래, 벨루가 | dome 돔, 반구형 지붕

[20-21]
G: My best friend, Stephanie, is coming from France today. I met her at summer camp last year in America. Since then, we have written emails to each other almost every day. She will be staying at my house for a week. I am very excited to see her again.

20. Where is Stephanie coming from?
      (A) France
      (B) America
      (C) the summer camp
      (D) the speaker's house

21. How did Stephanie and the girl keep in touch?
      (A) sending cards
      (B) writing emails
      (C) talking on the phone
      (D) writing text messages

해석 소녀: 나의 가장 친한 친구인 Stephanie가 오늘 프랑스에서 온다. 나는 작년에 미국의 여름 캠프에서 그녀를 만났다. 그 이후로, 우리는 거의 매일 서로에게 이메일을 써 왔다. 그녀는 우리 집에서 일주일 동안 머무를 것이다. 그녀를 다시 보게 돼서 매우 신난다.
    20. Stephanie는 어디서 오는가?
    (A) 프랑스
    (B) 미국
    (C) 여름 캠프
    (D) 화자의 집

21. Stephanie와 소녀는 어떻게 연락하고 지냈는가?

   (A) 카드를 보내면서

   (B) 이메일을 쓰면서

   (C) 전화통화를 하면서

   (D) 문자메시지를 작성하면서

풀이 Stephanie가 오늘 프랑스에서 온다고 했으므로 20번은 (A)가 답이다. 둘은 캠프에서 헤어진 이후로 거의 매일 서로에게 이메일을 썼다고 했으므로 21번은 (B)가 답이다.

Words and Phrases since then 그 이후로 | each other 서로 | excited 신나는 | keep in touch 연락하고 지내다

[22–23]

B: Charlie is my big brother. He works at a coffee shop. He sells many kinds of coffee and homemade cookies. My mother bakes the cookies at home. They are very popular. Many people come to the shop to get the cookies and coffee.

22. Where does Charlie work?

   (A) at home

   (B) at a bakery

   (C) at a cookie shop

   (D) at a coffee shop

23. Who makes the cookies?

   (A) Charlie

   (B) the boy

   (C) boy's friends

   (D) the boy's mother

해석 소년: Charlie는 나의 형이다. 그는 커피숍에서 일한다. 그는 많은 종류의 커피와 집에서 만들어온 쿠키를 판다. 우리 엄마는 집에서 쿠키를 굽는다. 그것들은 매우 인기가 있다. 많은 사람들이 쿠키와 커피를 사러 가게에 온다.

22. Charlie는 어디서 일하는가?

   (A) 집에서

   (B) 빵집에서

   (C) 쿠키 가게에서

   (D) 커피숍에서

23. 누가 쿠키를 만드는가?

   (A) Charlie

   (B) 소년

   (C) 소년의 친구들

   (D) 소년의 어머니

풀이 소년의 형인 Charlie는 커피숍에서 일한다고 했으므로 22번은 (D)가 답이다. (C)의 경우 쿠키를 팔지만 커피숍이라 명확히 밝혔으므로 오답이다. 한 편, 쿠키는 소년의 어머니가 집에서 만든다고 했으므로 23번은 (D)가 답이다.

Words and Phrases kinds of 가지가지의 | sell 팔다 | homemade 집에서 만든, 홈메이드

[24–25]

W: Attention students. This is your principal speaking. As you all know, today is our school's Sports Day. The teachers and students have put together many fun activities. Are you all ready to have some fun? Just remember to always follow the rules and listen to the teachers!

24. What is this announcement about?

   (A) Sports Day

   (B) a school cafe

   (C) School Book Sale

   (D) a student study group

25. What does the principal ask the students to do?

   (A) study hard

   (B) speak aloud

   (C) follow the rules

   (D) listen to friends

해석 여자: 학생들은 잠시 주목 바랍니다. 교장실에서 전합니다. 여러분이 알다시피, 오늘은 우리 학교의 운동회 날입니다. 선생님들과 학생들이 함께 많은 재밌는 활동들을 마련했습니다. 모두 즐거운 시간을 보낼 준비 됐나요? 항상 규칙을 따르고 선생님들의 말씀을 들어야 된다는 것만 잊지 마세요!

24. 무엇에 관한 안내인가?

   (A) 운동회 날

   (B) 학교 카페

   (C) 학교 도서 판매

   (D) 학생 스터디 그룹

25. 교장 선생님은 학생들에게 무엇을 해달라고 부탁했는가?

   (A) 열심히 공부하기

   (B) 큰 소리로 말하기

   (C) 규칙 따르기

   (D) 친구들의 말에 귀 기울이기

풀이 교장 선생님이 학생들에게 학교의 특별 행사인 운동회 날에 대해 안내하고 있다. 따라서 24번은 (A)가 답이다. 한편, 마지막에 항상 규칙을 따르고 선생님 말씀을 잘 들으라고 부탁했으므로 25번은 (C)가 답이다.

Words and Phrases Attention, please! 알립니다, 주목하세요 | principal 교장, 학장, 총장 | activity 활동 | have some fun 즐거운 시간을 보내다 | follow rules 규칙을 따르다, 지키다 | sale 판매, 세일 | aloud 큰소리로, 크게

26. G: Jim called me last night.
   B: For what? What did he say?
   G: He's having a birthday party on Saturday.
   B: _____
   (A) Parties are noisy.
   (B) No, it was yesterday.
   (C) When's your birthday?
   (D) Oh, that sounds wonderful.
해석 소녀: Jim이 어젯밤에 전화했어.
   소년: 뭐 때문에? 걔가 뭐라고 말했어?
   소녀: 토요일에 생일 파티를 열 거래.
   소년: _____
   (A) 파티는 시끄러워.
   (B) 아니, 그건 어제였어.
   (C) 네 생일이 언제야?
   (D) 오, 그거 멋진데.
풀이 토요일에 Jim이 생일 파티를 열 거라는 정보를 전달하는 말에 멋지다며 관심을 표하는 (D)가 답이다.
Words and Phrases noisy 시끄러운

27. B: Mary, what's your favorite color?
   G: I like green!
   B: Oh, I thought you would like pink.
   G: _____
   (A) Where did you put it?
   (B) When did you get it?
   (C) How much did you pay?
   (D) Why did you think that?
해석 소년: Mary, 네가 가장 좋아하는 색이 뭐야?
   소녀: 난 초록색이 좋아!
   소년: 아, 난 네가 분홍색을 좋아할 거라고 생각했어.
   소녀: _____
   (A) 어디에 그걸 놓았어?
   (B) 그걸 언제 구했어?
   (C) 너는 얼마를 냈어?
   (D) 왜 그렇게 생각했어?
풀이 소녀가 초록색이 아니라 분홍색을 좋아할 거라 예상했다는 말에 왜 그렇게 생각했는지 소년의 생각을 묻는 (D)가 답이다.
Words and Phrases pay 지불하다, 쓰다

28. W: What are you still doing on your computer?
   B: I'm still working on my science project.
   W: Do you need some help?
   B: _____
   (A) I will do that later.
   (B) That would be great.
   (C) It's already seven o'clock.
   (D) I can't turn off the computer.

해석 여자: 아직도 컴퓨터로 뭘 하고 있니?
   소년: 여전히 과학 과제를 하고 있어요.
   여자: 도움이 좀 필요하니?
   소년: _____
   (A) 그건 나중에 할게요.
   (B) 그럼 좋겠네요.
   (C) 벌써 7시예요.
   (D) 컴퓨터를 끌 수 없어요.
풀이 과학 과제를 하는 데 도움이 필요한지 묻는 말에 도움을 주면 좋겠다고 답하는 (B)가 답이다.
Words and Phrases still 여전히, 아직 | project 과제, 연구 프로젝트 | later 나중에, 후에 | turn off ～을 끄다

29. B: What time do you leave for school in the morning?
   G: At eight thirty.
   B: When do you get back in the afternoon?
   G: _____
   (A) On Thursday.
   (B) Sure, let's go.
   (C) Usually around four.
   (D) It's the day after tomorrow.
해석 소년: 아침에 몇 시에 학교로 출발해?
   소녀: 8시 반에.
   소년: 오후에 언제 돌아오는데?
   소녀: _____
   (A) 목요일에
   (B) 물론, 가자.
   (C) 보통 4시쯤.
   (D) 그건 모레야.
풀이 학교가 끝나고 오후에 집으로 언제 돌아오는지 묻는 말에 보통 4시쯤이라며 알맞은 시간 정보를 제공하는 (C)가 답이다.
Words and Phrases leave for ～로 떠나다 | around 약, ～쯤 | the day after tomorrow 모레

30. G: How do you know my cousin Mary?
   B: I know her from school. We were in the same class last year.
   G: Wow, I didn't know that.
   B: _____
   (A) Let me check.
   (B) Sorry, I can't help you.
   (C) I didn't know she was your cousin.
   (D) Yes, last week was very cold and windy.
해석 소녀: 네가 내 사촌 Mary를 어떻게 알아?
   소년: 학교에서 알아. 우리 작년에 같은 반이었어.
   소녀: 와, 난 몰랐네.
   소년: _____
   (A) 확인해볼게.
   (B) 미안, 널 도와줄 수 없어.
   (C) 난 그녀가 너의 사촌인지 몰랐어.
   (D) 응, 지난주는 매우 춥고 바람이 많이 불었어.

풀이 Mary는 소녀의 사촌이며 소년의 학교 친구이다. 소년과 소녀가 서로 이 사실을 몰랐다며 대화를 나눌 수 있으므로 (C)가 답이다.

Words and Phrases cousin 사촌 | check 확인하다, 알아보다 | windy 바람이 많이 부는

SECTION II READING AND WRITING

Part A. Sentence Completion (p.82)

1. A: Do you know the two men over there?

   B: _____ my brothers.

    (A) It's

    (B) You're

    (C) They're

    (D) There is

해석 A: 너 저쪽에 있는 남자 두 명을 아니?

   B: **그들은 내 형제들이야.**

   (A) 그것은

   (B) 너는

   (C) 그들은

   (D) ~가 있다

풀이 3인칭 복수인 'two men'을 지칭하는 'they'가 나와야 하고 그에 알맞은 be 동사를 써야 하므로 (C)가 답이다.

2. A: _____ do you play soccer?

   B: Once or twice a week.

    (A) How old

    (B) How long

    (C) How often

    (D) How about

해석 A: 너는 **얼마나 자주** 축구를 하니?

   B: 일주일에 한두 번.

   (A) 몇 살

   (B) 얼마나 오래

   (C) 얼마나 자주

   (D) ~는 어때

풀이 B의 대답으로 보아 A는 B에게 축구를 얼마나 자주 하는지 빈도를 물었음을 유추할 수 있다. 따라서 빈도를 물을 때 사용하는 의문사 (C)가 답이다.

3. A: Where did you park your car?

   B: I parked it at the _____ of the building.

    (A) back

    (B) next

    (C) under

    (D) forward

해석 A: 어디에 주차했어?

   B: 건물 뒤에 주차했어.

   (A) 뒤

   (B) 다음

   (C) 아래에

   (D) 앞으로

풀이 'at the back of'는 '~의 뒤에'를 뜻하는 표현이다. 따라서 (A)가 답이다.

Words and Phrases park 주차하다

4. A: I _____ my friend Jimmy at the zoo.

   B: Really? I thought he was at home.

    (A) met

    (B) meet

    (C) meeted

    (D) meeting

해석 A: 나 동물원에서 친구 Jimmy를 **만났어.**

   B: 정말? 난 그가 집에 있는 줄 알았는데.

   (A) 만났다

   (B) 만나다

   (C) 틀린 표현

   (D) 만나는

풀이 B의 말을 통해 A가 Jimmy를 동물원에서 만난 것은 과거의 일어난 일임을 알 수 있다. 따라서 과거형인 (A)가 답이다.

5. A: Mom, can I have more cookies?

   B: No, _____.

    (A) I can

    (B) I can't

    (C) you can

    (D) you can't

해석 A: 엄마, 쿠키 더 먹을 수 있을까요?

   B: 아니, **그럴 수 없어.**

   (A) (나는) 그럴 수 있어

   (B) (나는) 그럴 수 없어

   (C) (너는) 그럴 수 있어

   (D) (너는) 그럴 수 없어

풀이 A가 자신이 쿠키를 더 먹을 수 있는지 조동사 can을 이용하여 물어보고 있다. 이에 대해 B가 'No'라고 대답하고 있으므로 뒤에는 A의 부탁을 거절하는 내용이 들어가야 한다. 따라서 (D)가 답이다.

Part B. Situational Writing (p.83)

6. The man is _____ the dog.

    (A) hitting

    (B) petting

    (C) washing

    (D) walking

해석 남자가 개를 **쓰다듬고** 있다.

   (A) 때리고

   (B) 쓰다듬고

   (C) 씻기고

   (D) 산책시키고

풀이 남자가 개를 쓰다듬고 있으므로 (B)가 답이다.
Words and Phrases pet 어루만지다, 쓰다듬다 | walk 산책시키다

7. The students are sitting _____.
    (A) at the chair
    (B) on the chair
    (C) at the floor
    (D) on the floor
해석 학생들이 바닥 위에 앉아 있다.
    (A) 어색한 표현
    (B) 의자 위에
    (C) 어색한 표현
    (D) 바닥 위에
풀이 학생들이 바닥 위에 앉아 선생님의 말씀을 듣고 있으므로 (D)가 답이다.

8. The monster has _____.
    (A) big ears
    (B) large feet
    (C) a long nose
    (D) five fingers
해석 괴물은 큰 귀를 갖고 있다.
    (A) 큰 귀
    (B) 큰 발
    (C) 긴 코
    (D) 손가락 다섯 개
풀이 괴물의 귀가 크므로 (A)가 답이다.

9. The children are _____ the bus.
    (A) moving on
    (B) taking on
    (C) getting on
    (D) driving on
해석 아이들이 버스에 올라타고 있다.
    (A) 움직이고
    (B) 처리하고
    (C) 올라타고
    (D) 운전하고
풀이 아이들이 통학버스에 탑승하고 있으므로 (C)가 답이다.
Words and Phrases get on ~에 타다 | take on ~를 태우다; ~를 떠맡다

10. The detective is _____ some clues.
    (A) seeing to
    (B) seeing for
    (C) looking to
    (D) looking for
해석 탐정이 단서를 찾고 있다.
    (A) 조심하고
    (B) 어색한 표현
    (C) 기대하고
    (D) 찾고

풀이 탐정이 무언가를 골똘히 찾고 있으므로 (D)가 답이다.
Words and Phrases detective 탐정, 수사관, 형사 | clue 단서 | look for ~을 찾다

Part C. Practical Reading and Retelling (p.85)

[11–12]

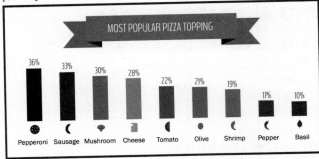

11. What is the most popular topping for pizza?
    (A) basil
    (B) tomato
    (C) pepperoni
    (D) mushroom

12. What is the least popular topping for pizza?
    (A) basil
    (B) tomato
    (C) pepperoni
    (D) mushroom

해석

> 가장 인기 있는 피자 토핑
>
> 페퍼로니 – 36%
> 소시지 – 33%
> 버섯 – 30%
> 치즈 – 28%
> 토마토 – 22%
> 올리브 – 21%
> 새우 – 19%
> 피망 – 11%
> 바질 – 10%

11. 가장 인기 있는 피자 토핑은 무엇인가?
    (A) 바질
    (B) 토마토
    (C) 페퍼로니
    (D) 버섯

12. 가장 인기 없는 피자 토핑은 무엇인가?
    (A) 바질
    (B) 토마토
    (C) 페퍼로니
    (D) 버섯

풀이 해당 그래프는 인기 있는 피자 토핑에 대한 조사 결과이며, 11번의 경우, 페퍼로니가 36%로 가장 높은 비율을 얻었으므로 (C)가 답이다. 12번의 경우, 바질이 10%로 가장 낮은 비율을 얻었으므로 (A)가 답이다.

Words and Phrases popular 인기 있는 | topping 토핑, 표면장식 | basil 바질 | mushroom 버섯

[13-14]

Type	Adults	Children
One-day Ticket	$ 50.00	$ 40.00
Night Ticket	$ 42.00	$ 32.00
Two-day Ticket	$ 80.00	$ 65.00

* For groups of 20 people or more, additional discount may apply.
* Please call 1-800-500-6000 for more information.

13. How much are one-day tickets for one adult and two children?
  (A) $ 100.00
  (B) $ 130.00
  (C) $ 142.00
  (D) $ 165.00

14. How many people are needed for a group discount?
  (A) 5
  (B) 10
  (C) 15
  (D) 20

해석

LOLLI LAND 티켓 및 가격		
종류	성인	어린이
당일 티켓	50달러	40달러
야간 티켓	42달러	32달러
2일 티켓	80달러	65달러

* 20인 이상 단체의 경우, 추가 할인이 적용될 수 있습니다.
* 더 자세한 정보를 원하시면 1-800-500-6000으로 전화해주세요.

13. 성인 한 명과 어린이 두 명의 당일 티켓은 얼마인가?
(A) 100달러
(B) 130달러
(C) 142달러
(D) 165달러

14. 단체 할인을 받으려면 몇 명이 필요한가?
(A) 5
(B) 10
(C) 15
(D) 20

풀이 13번의 경우, 당일 티켓의 가격은 명당 성인 50달러, 어린이 40달러이다. 따라서 성인 한 명과 어린이 두 명의 티켓 가격은 50달러와 80달러를 더한 130달러이므로 (B)가 답이다. 한편, 14번의 경우, 20인 이상 단체의 경우 추가 할인을 받을 수 있다고 했으므로 (D)가 답이다.

Words and Phrases one-day 하루 동안의 | additional 추가의 | group 무리, 집단, 그룹 | discount 할인 | apply 적용되다 | information 정보

[15-16]

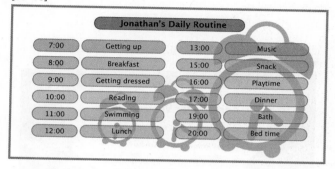

15. What does Jonathan do after dinner?
  (A) He takes a bath.
  (B) He reads books.
  (C) He gets dressed.
  (D) He listens to music.

16. What does Jonathan NOT do before lunch?
  (A) He has breakfast.
  (B) He goes swimming.
  (C) He puts on a T-shirt.
  (D) He plays with toy trains.

해석

Jonathan의 하루 일상			
7:00	기상	13:00	음악
8:00	아침 식사	15:00	간식
9:00	옷 입기	16:00	노는 시간
10:00	독서	17:00	저녁
11:00	수영	19:00	목욕하기
12:00	점심	20:00	취침

15. 저녁 식사 후 Jonathan은 무엇을 하는가?
(A) 목욕을 한다.
(B) 독서를 한다.
(C) 옷을 입는다.
(D) 음악을 듣는다.

16. Jonathan이 점심 전에 하는 일이 아닌 것은 무엇인가?

(A) 아침을 먹는다.

(B) 수영을 한다.

(C) 티셔츠를 입는다

(D) 장난감 기차를 갖고 논다.

풀이 15번의 경우, 저녁 식사 후 목욕을 하므로 (A)가 답이다. 16번의 경우, 점심 전에 장난감 기차를 갖고 논다는 것은 나오지 않았으므로 (D)가 답이다.

Words and Phrases daily 나날의, 매일 일어나는 | routine 일상 | get dressed 옷을 입다, 차려입다

[17–18]

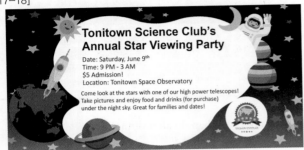

17. How long will the star viewing party last?

(A) 2 hours

(B) 3 hours

(C) 6 hours

(D) 9 hours

18. What is NOT something mentioned that you can do?

(A) look at stars

(B) talk to scientists

(C) enjoy food and drinks

(D) spend time with family

해석

Tonitown 과학 클럽 주최

연례 별 관측 파티

날짜: 6월 9일 토요일

시간: 오후 9시 – 오전 3시

입장료 5달러!

장소: Tonitown 우주 관측소

저희의 고성능 망원경으로 별을 보러 오세요!

밤하늘 아래 사진을 찍고 음식과 음료를 (구입 시) 즐기세요.

가족과 데이트 상대에게 멋진 시간입니다!

17. 별 관측 파티는 얼마나 오래 하는가?

(A) 2시간

(B) 3시간

(C) 6시간

(D) 9시간

18. 할 수 있는 활동으로 언급되지 않은 것은 무엇인가?

(A) 별을 본다

(B) 과학자들과 대화한다

(C) 음식과 음료를 즐긴다

(D) 가족과 시간을 보낸다

풀이 17번의 경우, 오후 9시에서 자정을 넘어 새벽 3시까지 하므로 총 6시간 동안 할 수 있음을 알 수 있다. 따라서 (C)가 답이다. 18번의 경우, 과학자들과 대화하는 활동은 언급되지 않았으므로 (B)가 답이다.

Words and Phrases annual 연간의, 연례의 | viewing 보기, 조망, 감상 | admission 입장 | location 장소 | observatory 관측소 | telescope 망원경 | purchase 구입, 구매 | date (특정한 날짜를 정해서 만나기로 하는) 약속, 데이트; 데이트 상대 | last 지속하다 | scientist 과학자

[19–20]

19. Which building is to the west of the grocery store?

(A) the hotel

(B) the hospital

(C) the restaurant

(D) the bookstore

20. Which building is NOT on the map?

(A) the bakery

(B) the hospital

(C) the restaurant

(D) the bookstore

해석 19. 어떤 건물이 식료품점 서쪽에 있는가?

(A) 호텔

(B) 병원

(C) 식당

(D) 서점

20. 어떤 건물이 지도에 없는가?

(A) 빵집

(B) 병원

(C) 식당

(D) 서점

풀이 19번의 경우, 방위표에 따르면 식료품점(GROCERIES) 서쪽에는 서점(BOOKS)과 은행(BANK)이 위치하므로 (D)가 답이다. 20번의 경우, 빵집은 지도에 없으므로 (A)가 답이다.

Words and Phrases west 서쪽 | grocery store 식료품점 | bookstore 서점

Part D. General Reading and Retelling (p.90)

[21-22]

I went to the post office today. I went there to send a box to my friend Sophie in Canada. In the box, I put a picture book about my country, China, and a box of mooncakes. Mooncakes are sweet and delicious cakes that Chinese people eat to celebrate the autumn harvest. I hope she likes my present.

21. Where does Sophie live?
   (A) China
   (B) Korea
   (C) Russia
   (D) Canada

22. According to the passage, when do Chinese people eat mooncakes?
   (A) at birthdays
   (B) at Christmas
   (C) at New Year's
   (D) at the autumn harvest

해석 나는 오늘 우체국에 갔다. 나는 캐나다에 있는 내 친구 Sophie에게 상자를 보내러 거기에 갔다. 나는 상자 안에 나의 나라 중국에 관한 그림책과 월병 한 박스를 넣었다. 월병은 중국인들이 추수를 기념하기 위해 먹는 달고 맛있는 케이크이다. 나는 그녀가 내 선물을 좋아하기를 바란다.

21. Sophie는 어디에 사는가?
(A) 중국
(B) 한국
(C) 러시아
(D) 캐나다

22. 지문에 따르면, 중국인들은 언제 월병을 먹는가?
(A) 생일날에
(B) 성탄절에
(C) 새해 첫날에
(D) 추수 때

풀이 21번의 경우, 'my friend Sophie in Canada'에서 Sophie가 캐나다에 산다는 사실을 알 수 있으므로 (D)가 답이다. 22번의 경우, 중국인들이 추수를 기념하기 위해 월병을 먹는다고 했으므로 (D)가 답이다.

Words and Phrases post office 우체국 | send 보내다 | mooncake 월병 | delicious 맛있는 | harvest 추수, 수확

[23-24]

Linda usually waits for the bus at a bus stop in front of her apartment building. She waited for the bus there yesterday morning. While she was waiting, she met her classmate, Rick. He said his family just moved to the same apartment building last Sunday. It was very nice to see him. Now she can go to school with him every day.

23. Where did Linda meet Rick yesterday morning?
   (A) at the school
   (B) at the bus stop
   (C) in the classroom
   (D) in the apartment building

24. When did Rick move to his new building?
   (A) yesterday
   (B) on Sunday
   (C) last Saturday
   (D) in the morning

해석 Linda는 보통 그녀의 아파트 건물 앞에 있는 버스 정류장에서 버스를 기다린다. 그녀는 어제 아침 거기서 버스를 기다렸다. 그녀가 기다리는 동안, 그녀는 자기 반 친구인 Rick을 만났다. 그는 자기 가족이 지난주 일요일에 같은 아파트 건물로 막 이사했다고 말했다. 그를 만나서 정말 반가웠다. 이제 그녀는 매일 그와 함께 학교에 갈 수 있다.

23. 어제 아침 Linda는 어디서 Rick을 만났는가?
(A) 학교에서
(B) 버스 정류장에서
(C) 교실에서
(D) 아파트 건물 안에서

24. Rick은 언제 그의 새 건물로 이사했는가?
(A) 어제
(B) 일요일에
(C) 지난주 토요일에
(D) 아침에

풀이 23번의 경우, Linda가 어제 아침 버스 정류장에서 버스를 기다리다가 Rick을 만났다고 했으므로 답은 (B)이다. 24번의 경우, Rick이 'last Sunday'에 이사를 했다고 말했으므로 답은 (B)이다.

Words and Phrases in front of ~의 앞에 | apartment 아파트 | new 새로운

[25-26]

On November 14th, 1963, a new island was made. An ocean volcano in the south of the country of Iceland first came out of the water. The people named the island "Surtsey". At first, there was nothing on the new island, not even plants! However, after a year and a half, the first plant grew on the island. Now, there are many types of plants, birds, and other animals. The island has been an important place for scientists to study. They have learned many things about how animals and plants come to new islands.

25. What is Surtsey?

(A) a bird

(B) a plant

(C) an island

(D) an ocean

26. Where did Surtsey come from?

(A) It fell from a bird.

(B) A scientist brought it.

(C) It floated from Iceland.

(D) It rose from the bottom of the ocean.

해석 1963년 11월 14일에, 새로운 섬이 만들어졌다. 아이슬란드 국가 남쪽에 있는 해양 화산이 처음으로 물 밖으로 나왔다. 사람들은 이 섬을 "Surtsey"라고 명명했다. 처음에는, 이 새로운 섬에는 아무것도 없었고, 심지어 식물도 없었다! 그러나, 1년 반이 지난 후, 첫 식물이 섬에서 자랐다. 지금은, 많은 종류의 식물, 새, 그리고 다른 동물들이 있다. 이 섬은 줄곧 과학자들이 연구하기에 중요한 장소였다. 그들은 어떻게 동식물이 새로운 섬으로 오는지에 대해 많은 것을 배웠다.

25. Surtsey는 무엇인가?

(A) 새

(B) 식물

(C) 섬

(D) 바다 (대양)

26. Surtsey는 어디서 왔는가?

(A) 새에게서 떨어졌다.

(B) 한 과학자가 가져왔다.

(C) 아이슬란드에서 분리돼 떠다녔다.

(D) 해양 밑바닥에서 상승했다.

풀이 25번의 경우, 'The people named the island "Surtsey".'에서 Surtsey가 섬임을 알 수 있으므로 (C)가 답이다. 26번의 경우, 두 번째 문장을 통해 Surtsey는 해양 화산이 물 밖으로 나와 만들어진 섬임을 알 수 있다. 이는 해양 화산이 해양 밑바닥에서 해수면 위로 상승한 것이므로 (D)가 답이다.

Words and Phrases ocean 바다(대양) | volcano 화산 | south 남쪽 | name 이름을 붙이다, 명명하다 | island 섬 | even 심지어 | plant 식물 | half 반, 절반 | grow 자라다 | important 중요한 | float 떠[흘러]가다, 떠돌다 | bottom 바닥, 맨 아래 | fall 떨어지다

[27-28]

James is an eleven-year-old boy. James has three cousins: Brandon, Alicia, and Nicole. Brandon is two years older than James. Alicia and Nicole are the same age. They are three years younger than Brandon. When they all get together, they play board games. The oldest cousin plays games very well and always wins.

27. How old are Alicia and Nicole?

(A) Alicia is 9 and Nicole is 10.

(B) Alicia is 10 and Nicole is 9.

(C) Alicia and Nicole are 9 years old.

(D) Alicia and Nicole are 10 years old.

28. Who always wins board games?

(A) James

(B) Alicia

(C) Nicole

(D) Brandon

해석 James는 11살 된 소년이다. James에게는 세 명의 사촌이 있다: Brandon, Alicia, 그리고 Nicole이다. Brandon은 James보다 2살 많다. Alicia와 Nicole은 동갑이다. 그들은 Brandon보다 3살 어리다. 그들이 다 같이 모일 때, 그들은 보드게임을 한다. 가장 나이 많은 사촌이 게임을 매우 잘하고 항상 이긴다.

27. Alicia와 Nicole은 몇 살인가?

(A) Alicia는 9살이고 Nicole은 10살이다.

(B) Alicia는 10살이고 Nicole은 9살이다.

(C) Alicia와 Nicole은 9살이다.

(D) Alicia와 Nicole은 10살이다.

28. 누가 항상 보드게임에서 이기는가?

(A) James

(B) Alicia

(C) Nicole

(D) Brandon

풀이 27번의 경우, 먼저 Brandon은 11살인 James보다 2살 많으므로 13살임을 알 수 있다. Alicia와 Nicole은 동갑이고, 13살인 Brandon보다 3살 어리다고 했으므로 10살임을 알 수 있다. 따라서 (D)가 답이다. 28번의 경우, 가장 나이가 많은 사촌이 이긴다고 했으므로 13살로 가장 나이가 많은 Brandon, 즉 (D)가 답이다.

Words and Phrases cousin 사촌 | win 이기다 | board game 보드게임 | always 항상

[29-30]

The Taj Mahal is a famous building in India. Shah Jahan made it for his wife, Mumtax Mahal in 1631. It is a beautiful building. It shows India's rich history. Many visitors from all around the world go to India to visit the Taj Mahal. About 8 million people visit each year.

29. What is the Taj Mahal?
    (A) a popular attraction
    (B) a name of a country
    (C) a type of Indian culture
    (D) a well-known restaurant

30. How many visitors are there each year?
    (A) 4 million
    (B) 6 million
    (C) 8 million
    (D) 10 million

해석 타지마할은 인도의 유명한 건물이다. Shah Jahan이 그의 아내인 Mumtax Mahal을 위해 1631년에 그것을 만들었다. 그것은 아름다운 건물이다. 그것은 인도의 풍부한 역사를 보여준다. 전 세계의 많은 방문객들이 타지마할을 방문하기 위해 인도에 간다. 매년 대략 800만 명의 사람들이 방문한다.

29. 타지마할은 무엇인가?
(A) 유명한 (관광)명소
(B) 나라의 이름
(C) 인도 문화의 일종
(D) 잘 알려진 식당

30. 매년 몇 명의 방문객이 거기에 가는가?
(A) 400만
(B) 600만
(C) 800만
(D) 1,000만

풀이 29번의 경우, 전체 맥락에서 관광명소임을 알 수 있으므로 (A)가 답이다. 30번의 경우, 마지막 문장을 통해 매년 대략 800만 명의 사람들이 방문한다는 것을 알 수 있으므로 (C)가 답이다.

Words and Phrases famous 유명한 | show 보여주다 | rich 풍부한; 부유한 | history 역사 | visit 방문하다 | each year 매년 | popular 인기 있는 | attraction (관광)명소 | culture 문화 | well-known 유명한, 잘 알려진 | million 100만

TOSEL BASIC

심화 4회

SECTION I LISTENING AND SPEAKING

Part A. Listen and Recognize (p.102)

1. G: Julie is talking on the phone.
   (C)
해석 소녀: Julie가 전화통화를 하고 있다.
풀이 여자가 전화통화를 하는 그림 (C)가 답이다.

2. B: There are five apples and three oranges.
   (D)
해석 소년: 사과 5개와 오렌지 3개가 있다.
풀이 사과 5개와 오렌지 3개가 있는 그림 (D)가 답이다.

3. G: This animal is very tall.
   (A)
해석 소녀: 이 동물은 키가 매우 크다.
풀이 키가 매우 큰 동물 기린이 있는 그림 (A)가 답이다.

4. B: My mom works at a dentist's office.
   (B)
해석 소년: 우리 엄마는 치과에서 일한다.
풀이 치과의사가 진료하고 있는 그림 (B)가 답이다.
Words and Phrases dentist 치과의사 | office 사무실

5. G: The dog is under the table.
   (B)
해석 소녀: 개가 탁자 밑에 있다.
풀이 탁자 밑에 개가 있는 그림 (B)가 답이다.
Words and Phrases under ~의 아래

PART B. Listen and Respond (p.104)

6. B: What are you doing in the kitchen?
   G: _____
      (A) I'm playing soccer.
      (B) I'm driving a car.
      (C) I'm going to a restaurant
      (D) I'm cooking spaghetti.
해석 소년: 부엌에서 무엇을 하고 있니?
      소녀: _____
      (A) 축구를 하고 있어.
      (B) 차를 운전하고 있어.
      (C) 식당에 가고 있어.
      (D) 스파게티를 만들고 있어.
풀이 부엌에서 무엇을 하고 있는지 묻는 말에 스파게티를 만들고 있다며 부엌에서 할만한 행동을 하고 있다고 말하는 (D)가 답이다. (C)는 'kitchen'과 'restaurant'의 연관성을 이용한 오답이다.
Words and Phrases kitchen 부엌 | restaurant 식당

7. G: I need to get a haircut.
   B: _____
      (A) Why did you stop by the shop?
      (B) Why don't we go this weekend?
      (C) How about taking a long walk?
      (D) How much did you pay for this ruler?
해석 소녀: 머리를 잘라야겠어.
      소년: _____
      (A) 너는 왜 가게에 들렸어?
      (B) 이번 주말에 가는 건 어때?
      (C) 긴 산책을 하는 게 어때?
      (D) 이 자 얼마 주고 샀어?
풀이 머리를 잘라야겠다는 말에 이번 주말에 자르는 건 어떤지 제안하는 (B)가 답이다.
Words and Phrases get a haircut 머리를 자르다 | stop by ~에 잠시 들르다 | take a walk 산책하다 | ruler 자

8. B: Do you mind turning off the TV?
   G: _____
      (A) Yes, they're mine.
      (B) Yes, it's on TV.
      (C) No, of course not.
      (D) No, it's on the news.

해석 소년: TV 좀 꺼도 될까?

소녀: _____

(A) 응, 그것들은 내 것이야.

(B) 응, TV에 나와 있어.

(C) **그래, 물론이지.**

(D) 아니, 뉴스에 나와.

풀이 TV를 끄면 안 되는지 묻는 말에 그래도 된다고 답하는 (C)가 답이다. 'Do you mind ~ing' 표현으로 부탁하는 말에는 'No'로 대답해야 동의의 의미를 나타낸다는 것에 유의한다.

Words and Phrases do you mind ~ing ~하는 게 꺼려져? (~해도 될까?) | turn off ~을 끄다 | news 소식, 뉴스

9. G: Would you like something else?

B: _____

(A) Yes, I can.

(B) Ah, too bad.

(C) Oh, I'm sorry.

(D) No, thank you.

해석 소녀: 다른 것을 드릴까요?

소년: _____

(A) 네, 할 수 있어요.

(B) 아, 안됐군요.

(C) 어, 미안합니다.

(D) 아뇨, 괜찮습니다.

풀이 다른 것을 원하는지 묻는 말에 'No'라고 대답하며 괜찮다고 말하는 (D)가 답이다.

10. B: How often do you travel?

G: _____

(A) I travel to the park.

(B) I travel by airplane.

(C) I travel once a month.

(D) I travel to other countries.

해석 소년: 얼마나 자주 여행을 가?

소녀: _____

(A) 난 공원으로 여행을 가.

(B) 난 비행기로 여행을 해.

(C) 난 한 달에 한 번씩 여행을 가.

(D) 난 다른 나라들로 여행을 가.

풀이 얼마나 자주 여행을 가는지 묻는 말에 한 달에 한 번씩 여행을 간다고 횟수를 말하는 (C)가 답이다

Words and Phrases how often 얼마나 자주 | airplane 비행기 | month 달, 월

Part C. Listen and Retell (p.105)

11. G: Oh no! It's already past five?

B: Yep, the program has been already on for fifteen minutes now.

Q: What time is it now?

(C)

해석 소녀: 이런! 벌써 5시가 지났네?

소년: 그래. 지금 프로그램이 벌써 15분째 진행됐어.

질문: 지금은 몇 시인가?

풀이 소녀의 말에서 프로그램이 5시에 시작하는 프로그램임을 알 수 있으며 시작한 지 벌써 15분이 지났다고 했으므로 5시 15분을 가리키는 시계 그림 (C)가 답이다.

Words and Phrases past ~을 지나서 | already 이미, 벌써

12. B: Can I borrow your new book?

G: No, sorry. My brother is reading it.

Q: What does the boy want?

(C)

해석 소년: 네 새 책을 빌릴 수 있을까?

소녀: 아니, 미안. 내 남동생이 읽고 있어.

질문: 소년은 무엇을 원하는가?

풀이 소년은 소녀의 새 책을 빌리고 싶어 하므로 책 그림 (C)가 답이다.

Words and Phrases borrow 빌리다

13. G: I left my window open today.

B: Uh oh, it's going to rain soon, you know?

Q: What's the weather like today?

(B)

해석 소녀: 오늘 창문을 열어 뒀는데.

소년: 이런, 곧 비가 내릴 건데, 알지?

질문: 오늘 날씨가 어떤가?

풀이 곧 비가 내릴 것이므로 비가 내리는 그림 (B)가 답이다.

14. B: How much are these candles?

W: They're ten dollars for a box of 5.

Q: How much are ten candles?

(A) 5

(B) 10

(C) 15

(D) 20

해석 소년: 이 양초들 얼마에요?

여자: 5개입 한 상자당 10달러입니다.

질문: 양초 10개는 얼마인가?

(A) 5

(B) 10

(C) 15

(D) 20

풀이 5개당 10달러이므로 10개는 그 두 배인 20달러이다. 따라서 (D)가 답이다.

Words and Phrases candle 양초

15. G: There's a new restaurant in front of the school.
    M: What kind of food do they have?
    Q: What are they talking about?
      (A) a new restaurant
      (B) the menu at school
      (C) the menu for dinner
      (D) a new friend at school

해석 소녀: 학교 앞에 새 식당이 있어요.
      남자: 어떤 종류의 음식을 파니?
      질문: 무엇에 대해 이야기하고 있는가?
      (A) 새 식당
      (B) 학교의 메뉴
      (C) 저녁 메뉴
      (D) 학교의 새 친구
풀이 학교 앞에 새로 생긴 식당에 대해 대화를 나누고 있으므로 (A)가 답이다.
Words and Phrases in front of ~의 앞에 | menu 메뉴

16. B: Are you ready for the math test tomorrow?
    G: No, I'm studying for it tonight.
    Q: What will the girl do tonight?
      (A) watch TV
      (B) do homework
      (C) go to the movies
      (D) study for the math test

해석 소년: 내일 수학 시험 볼 준비 됐어?
      소녀: 아니, 오늘 밤에 공부할 거야.
      질문: 소녀는 오늘 밤 무엇을 할 것인가?
      (A) TV를 본다
      (B) 숙제를 한다
      (C) 영화를 보러 간다
      (D) 수학 시험공부를 한다
풀이 소녀가 오늘 밤 공부를 할 것이라 했고 이는 수학 시험을 위한 공부임
      을 소년의 말에서 알 수 있으므로 (D)가 답이다.

Words and Phrases ready 준비된 | tonight 오늘 밤

17. G: I'm going skiing with Jake this Saturday.
    B: I'm going to Sarah's birthday party.
    Q: What will the girl do this Saturday?
      (A) go skiing with Jake
      (B) go skiing with Sarah
      (C) go to Jake's birthday party
      (D) go to Sarah's birthday party

해석 소녀: 이번 주 토요일에 Jake랑 스키 타러 갈 거야.
      소년: 난 Sarah의 생일 파티에 갈 거야.
      질문: 소녀는 이번 주 토요일에 무엇을 할 것인가?
      (A) Jake와 스키 타러 가기
      (B) Sarah와 스키 타러 가기
      (C) Jake의 생일 파티에 가기
      (D) Sarah의 생일 파티에 가기

풀이 소녀는 Jake와 스키를 타러 간다고 했으므로 (A)가 답이다. (D)는 소년
      이 할 일이므로 오답이다.
Words and Phrases go skiing 스키를 타러 가다

[18-19]
B: I met a new friend Kevin this summer at sports camp. He's
   from Germany. He was visiting just for the summer. He
   speaks English very well and is a great swimmer. When the
   camp was over, he went back to his country. I miss Kevin
   very much.
18. What is NOT true about Kevin?
      (A) He is from Germany.
      (B) He is a fine swimmer.
      (C) He is staying only for the summer.
      (D) He did not return to England after the camp.
19. Where did the boy and Kevin meet?
      (A) at German camp
      (B) at English camp
      (C) at sports camp
      (D) at the swimming pool

해석 소년: 올해 여름 스포츠 캠프에서 새 친구 Kevin을 만났다. 그는 독일에
      서 왔다. 그는 이번 여름에만 방문하는 것이었다. 그는 영어를 매우 잘
      하고 훌륭한 수영 선수이다. 캠프가 끝났을 때, 그는 그의 나라로 돌아
      갔다. 나는 Kevin이 매우 그립다.

      18. Kevin에 대한 설명으로 옳지 않은 것은 무엇인가?
      (A) 그는 독일출신이다.
      (B) 그는 훌륭한 수영 선수이다.
      (C) 그는 여름 동안만 머무른다.
      (D) 그는 캠프가 끝난 후 잉글랜드로 돌아가지 않았다.

      19. 소년과 Kevin은 어디서 만났는가?
      (A) 독일어 캠프에서
      (B) 영어 캠프에서
      (C) 스포츠 캠프에서
      (D) 수영장에서

풀이 18번의 경우, Kevin은 독일로 돌아갔다고 했으므로 (D)가 답이다. 19
      번의 경우, 둘은 올해 여름 스포츠 캠프에서 만났으므로 (C)가 답이다.
Words and Phrases swimming pool 수영장

[20-21]
W: Ladies and gentlemen, boys and girls, welcome to Amuse
   Children's Park. Are you ready for a whole day of spectacu-
   lar adventures? We've got fun rides, fantastic parade shows
   and much more. Enjoy the rides and don't forget to buckle
   your seatbelts!

20. Where does this announcement take place?
      (A) at a school
      (B) in an airport
      (C) at a shopping mall
      (D) at an amusement park

21. What does the woman remind the children to do?
    (A) stay in a group
    (B) find a ride home
    (C) follow safety instructions
    (D) go to the amusement park

해석 여자: 신사 숙녀 및 소년 소녀 여러분, Amuse 어린이 공원에 오신 걸 환영합니다. 온종일 굉장한 모험을 할 준비가 되었나요? 재밌는 놀이기구들과 환상적인 퍼레이드쇼 등 많은 것들이 있습니다. 놀이기구를 즐겁게 타시고 안전벨트 매는 것을 잊지 마세요!

20. 이 안내는 어디서 방송되고 있는가?
    (A) 학교에서
    (B) 공항에서
    (C) 쇼핑몰에서
    (D) 놀이공원에서

21. 여자가 아이들에게 무엇을 하라고 상기시켰는가?
    (A) 무리 안에 머무르기
    (B) 집에 갈 교통수단 찾기
    (C) 안전 지침 따르기
    (D) 놀이공원에 가기

풀이 20번의 경우, 이 안내는 놀이공원에 놀러 온 사람들에게 환영 인사를 전하고 놀이공원의 시설과 행사를 소개하며 놀이기구를 탈 때 안전 사항을 말하고 있다. 따라서 (D)가 20번의 답이다. 21번의 경우, 마지막에 안전벨트를 매라고 당부하고 있다. 안전벨트를 매는 것은 안전 지침에 해당하므로 (C)가 답이다.

Words and Phrases whole 전체, 전부 | ride 놀이 기구; 길, 여정 | parade 퍼레이드, 거리행진 | forget to do something ~하는 것을 까먹다 | buckle (버클로) ~을 채우다, 매다 | seatbelt 안전벨트, 안전띠 | airport 공항 | amusement park 놀이공원 | follow 따르다 | safety instruction 안전 지침, 안전 수칙

[22-23]
B: Hello, this is Tom. Is this Mina? I'm calling to let you know that our soccer practice tomorrow morning is cancelled because of rain. The soccer field is too wet to play, and it is not safe. I'll see you on Wednesday at next week's practice. Good night.

22. Why did Tom call Mina?
    (A) to practice soccer
    (B) to cancel practice
    (C) to ask about the weather
    (D) to meet at the soccer field

23. When will they meet next?
    (A) next week
    (B) next weekend
    (C) tomorrow night
    (D) tomorrow morning

해석 소년: 여보세요, 나 Tom이야. Mina 맞지? 내일 아침 우리 축구 연습이 비 때문에 취소됐다는 걸 알려주려고 전화했어. 축구장이 축구하기엔 너무 젖어 있고, 그건 안전하지 않아. 다음 주 수요일 연습 때 보자. 잘 자.

22. Tom은 왜 Mina에게 전화했는가?
    (A) 축구 연습을 하려고
    (B) 연습을 취소하려고
    (C) 날씨에 대해 물어보려고
    (D) 축구장에서 만나려고

23. 그들은 다음에 언제 만나는가?
    (A) 다음 주
    (B) 다음 주 주말
    (C) 내일 밤
    (D) 내일 아침

풀이 22번의 경우, 비 때문에 내일 아침 축구 연습이 취소될 것임을 알려주려고 전화한 것이므로 (B)가 답이다. 23번의 경우, 다음 주 수요일에 보자고 했으므로 (A)가 답이다.

Words and Phrases cancel 취소하다 | field -장, 경기장 | wet 젖은

[24-25]
G: Today, the book that I want to introduce in our book club is a famous fairy tale: Beauty and the Beast. It's a love story between a beautiful and kind young woman and a monster-like beast. Many people love this story, and it has been made into a movie many times.

24. What does the girl introduce to the club?
    (A) a book
    (B) a movie
    (C) a library
    (D) an animation

25. What genre is the story the girl introduces?
    (A) a comedy
    (B) a love story
    (C) a biography
    (D) a horror story

해석 소녀: 오늘 제가 독서 모임에서 소개하고 싶은 책은 유명한 동화입니다: 미녀와 야수죠. 이는 아름답고 마음씨 고운 젊은 여인과 괴물 같은 야수 간의 사랑 이야기입니다. 많은 사람들이 이 이야기를 좋아하고, 여러 번 영화로 만들어져 왔습니다.

24. 소녀가 동아리에 무엇을 소개하는가?
    (A) 책
    (B) 영화
    (C) 도서관
    (D) 만화영화

25. 소녀가 소개하는 이야기는 무슨 장르인가?
    (A) 코미디
    (B) 사랑 이야기
    (C) 전기
    (D) 무서운 이야기

풀이 24번의 경우, 미녀와 야수라는 동화책을 소개하려 하고 있으므로 (A)가 답이다. 25번의 경우, 여인과 야수 간의 사랑 이야기라고 했으므로 (B)가 답이다.

Words and Phrases introduce 소개하다 | famous 유명한 | fairy tale 동화 | beast 야수, 짐승 | between ~ 사이에 | genre (예술 작품의) 장르 | comedy 코미디, 희극 | biography 전기 | horror 공포, 공포물

Part D. Listen and Speak (p.109)

26. B: Sam, have you seen my laptop?
    G: Yes, I used it an hour ago.
    B: Where did you put it? It isn't on my desk. What's next?
    (A) I saw it yesterday.
    (B) The desk is Sam's.
    (C) I put it in your bag.
    (D) I left school at four.

해석 소년: Sam, 내 노트북 봤어?
    소녀: 응, 한 시간 전에 그걸 썼어.
    소년: 그거 어디에 놨어? 내 책상 위에는 없어.
    소녀: _____
    (A) 어제 그걸 봤어.
    (B) 그 책상은 Sam 거야.
    (C) 네 가방 안에 넣었어.
    (D) 나는 4시에 학교를 떠났어.

풀이 노트북이 어디 갔는지 묻는 말에 소년의 가방에 넣었다고 위치를 말하는 (C)가 답이다.

Words and Phrases laptop 노트북

27. G: I like your T-shirt. Is it new?
    B: Yes, this is my school club's new T-shirt for this year.
    G: Wow, do you think I can get one, too?
    B: _____
    (A) It's not a new one.
    (B) I'm not sure. I will ask.
    (C) The T-shirt is a nice color.
    (D) I wish I had a new T-shirt.

해석 소녀: 네 티셔츠 맘에 든다. 그거 새 것이야?
    소년: 응. 이건 내 학교 동아리의 올해 새 티셔츠야.
    소녀: 와, 나도 하나 얻을 수 있을까?
    소년: _____
    (A) 그건 새것이 아니야.
    (B) 확실하진 않은데. 물어볼게.
    (C) 그 티셔츠는 색이 멋있어.
    (D) 나에게 새 티셔츠가 있으면 좋겠어.

풀이 소년의 동아리 티셔츠를 얻을 수 있는지 의견을 묻는 말에 확실치 않다며 누군가에게 그것에 대해 물어본다고 답하는 (B)가 답이다.

Words and Phrases club 동호회, 동아리, 클럽

28. M: You've got to hurry. It's almost eight.
    G: Okay, can I finish eating though?
    M: Yes, you can eat in the car.
    G: _____
    (A) I'm almost done.
    (B) I just saw it yesterday.
    (C) I finished it last night.
    (D) It's because of the car.

해석 남자: 너 서둘러야 한다. 거의 8시야.
    소녀: 알았어요, 먹던 건 다 먹어도 되죠?
    남자: 응, 차 안에서 먹으면 된단다.
    소녀: _____
    (A) 거의 다 먹었어요.
    (B) 그걸 어제 막 봤어요.
    (C) 어젯밤에 그걸 다 먹었어요.
    (D) 그건 그 자동차 때문이에요.

풀이 소녀가 밥을 먹고 있고 남자가 보채고 있다. 소녀가 밥은 다 먹고 가겠다고 하자 남자는 차 안에서 마저 먹을 수 있다는 식으로 대답하고 있다. 이에 대해 소녀는 (차에서 먹을 필요 없이) 어차피 거의 다 먹었다는 식으로 대답할 수 있으므로 (A)가 답이다.

Words and Phrases almost 거의 | finish 마치다 | because of ~ 때문에

29. G: Happy Birthday, Kenny.
    B: No, it's not my birthday today.
    G: Didn't you say that your birthday is March 1st?
    B: _____
    (A) Yes, today is March 1st.
    (B) Yes, Kenny's party is today.
    (C) No, my birthday is tomorrow.
    (D) No, I didn't get my birthday present.

해석 소녀: 생일 축하해, Kenny.
    소년: 아니, 오늘 내 생일 아닌데.
    소녀: 네 생일 3월 1일이라고 하지 않았어?
    소년: _____
    (A) 응, 오늘이 3월 1일이야.
    (B) 응, Kenny의 파티는 오늘이야.
    (C) 아니, 내 생일은 내일이야.
    (D) 아니, 난 생일선물을 받지 않았어.

풀이 소녀가 소년의 생일을 착각하고 있다. 생일이 3월 1일이 아닌지 확인하는 말에 내일이 생일이라고 정정해주는 (C)가 답이다.

Words and Phrases present 선물

30. B: Have you met Mr. Travis yet?
    G: No, I went to his office, and he wasn't there.
    B: Really? He said he would be in his office today.
    G: _____
    (A) Mr. Travis was in the office.
    (B) Mr. Travis went to his office.
    (C) Yeah, I'll try again later today.
    (D) Yeah, I travelled around the world.

해석 소년: Travis 씨 아직 안 만났어?

소녀: 응, 그의 사무실에 갔는데, 거기 없었어.

소년: 정말? 오늘은 사무실에 있을 거라고 하셨는데.?

소녀: _____

(A) Travis 씨는 사무실에 있었어.

(B) Travis 씨는 그의 사무실에 갔어.

(C) 그래, 오늘 이따가 다시 가볼게.

(D) 그래, 전 세계를 돌아다녔어.

풀이 대화를 통해 소녀가 좀 전에 Travis 씨의 사무실에 갔을 때 소년이 들은 바와 달리 Travis 씨가 사무실에 없었던 상황임을 알 수 있다. 이에 대해 소녀는 이따가 (Travis 씨 사무실에) 다시 한번 가보겠다는 식으로 답할 수 있으므로 (C)가 답이다.

Words and Phrases travel 여행하다

SECTION II READING AND WRITING

Part A. Sentence Completion (p.112)

1. A: _____ did you put my phone?

B: It's inside the bag.

(A) How

(B) Why

(C) When

(D) Where

해석 A: 내 휴대전화 **어디에** 놨어?

B: 가방 안에 있어.

(A) 어떻게

(B) 왜

(C) 언제

(D) 어디

풀이 A의 질문에 B는 핸드폰의 위치에 대해 말하고 있다. 물건의 위치에 대해 물어볼 때 쓰이는 의문사 'Where'가 쓰여야 하므로 (D)가 답이다.

Words and Phrases inside ∼의 안의

2. A: Thanks for helping me with my homework.

B: It was _____.

(A) nothing

(B) anything

(C) none thing

(D) everything

해석 A: 숙제 도와줘서 고마워.

B: **아무것도 아닌걸.**

(A) 아무것도 아닌

(B) 무엇이든

(C) 틀린 표현

(D) 모든 것

풀이 '별거 아니다'라는 표현은 'it is/was nothing'의 형태로 나타낼 수 있으므로 (A)가 답이다.

3. A: He took my book _____ I asked him not to.

B: That's so mean of him.

(A) whatever

(B) just in case

(C) nonetheless

(D) even though

해석 A: 내가 그러지 말라고 부탁했**는데도** 그는 내 책을 가져갔어.

B: 걔 정말 못됐다.

(A) 어떤 ∼일지라도

(B) ∼한 경우에 한해서

(C) 그럼에도 불구하고

(D) ∼에도 불구하고

풀이 빈칸에는 두 문장을 이어주는 접속사(구)가 와야 하며, 내용상 뒤 문장이 일어났는데도 불구하고 앞 문장이 일어났다는 뜻을 나타낼 수 있는 표현이 들어가야 한다. 따라서 (D)가 답이다. (C)는 부사이므로 오답이다.

4. A: You seem to really like swimming.

B: Yes, I go to the pool _____.

(A) often

(B) never

(C) rarely

(D) seldom

해석 A: 너 수영을 정말 좋아하나 보다.

B: 맞아, 수영장에 **자주** 가.

(A) 자주

(B) 절대로 ∼않는

(C) 좀처럼 ∼않는

(D) 좀처럼 ∼않는

풀이 수영을 정말 좋아하는 것 같다는 말에 B가 긍정으로 대답하고 있다. 따라서 (수영을 좋아하기 때문에) 수영장에 많이 혹은 자주 간다는 식으로 답할 수 있으므로 (A)가 답이다.

Words and Phrases seem ∼인 것처럼 보이다 | often 자주, 종종 | rarely 드물게, 좀처럼 ∼않는 | seldom 거의 ∼않는

5. A: _____ you packed everything?

B: Yep. All the luggage is in the car.

(A) Do

(B) Did

(C) Has

(D) Have

해석 A: 짐 다 쌌어?

B: 어. 모든 짐이 차 안에 있어.

(A) 조동사 Do 원형

(B) 조동사 Did 과거형

(C) 조동사 Has 3인칭 단수형

(D) 조동사 Have 원형

풀이 동사의 형태가 'packed'인 것으로 보아 완료시제 의문문임을 알 수 있다. 따라서 빈칸에는 주어 'you'에 알맞은 have 조동사를 써야 하므로 (D)가 답이다. (A), (B)의 경우 'packed'가 아니라 원형인 'pack'으로 써야 정답이 되므로 오답이다.

Words and Phrases pack (짐을) 싸다 | luggage 짐, 수화물

Part B. Situational Writing (p.113)

6. She is _____ up laundry.
   (A) drying
   (B) ironing
   (C) hanging
   (D) washing

해석 그녀는 빨래를 널고 있다.
   (A) 말리고
   (B) 다리고
   (C) 널고
   (D) 씻고

풀이 빨래를 널고 있으므로 (C)가 답이다.
Words and Phrases dry 말리다 | iron 다리미질하다 | hang (up) 걸다 |
laundry 세탁물, 세탁한 것들

7. She is riding a _____.
   (A) comb
   (B) brush
   (C) broom
   (D) cushion

해석 그녀는 빗자루를 타고 있다.
   (A) 빗
   (B) 붓
   (C) 빗자루
   (D) 쿠션

풀이 빗자루를 타고 날고 있으므로 (C)가 답이다.
Words and Phrases ride ~을 타다 | comb 빗 | brush 붓 | broom 빗자루

8. The couple is going _____ this weekend.
   (A) skiing
   (B) hiking
   (C) running
   (D) shopping

해석 커플은 이번 주말에 하이킹을 갈 것이다.
   (A) 스키를 탈
   (B) 하이킹을 갈
   (C) 달리기를 할
   (D) 쇼핑을 할

풀이 커플이 하이킹 장비를 갖추고 걷고 있으므로 (B)가 답이다.
Words and Phrases hiking 하이킹, 도보 여행

9. The boy has a _____.
   (A) sore back
   (B) headache
   (C) hurt wrist
   (D) runny nose

해석 소년은 콧물이 흐른다.
   (A) 아픈 등
   (B) 두통
   (C) 다친 손목
   (D) 콧물 흐르는 코

풀이 소년의 코에서 콧물이 흐르고 있으므로 (D)가 답이다.
Words and Phrases sore 아픈 | headache 두통 | wrist 손목 | runny nose
콧물이 흐르는 코

10. The people cross _____ the car.
   (A) beside
   (B) beneath
   (C) in front of
   (D) in between

해석 사람들이 차 **앞으로** 길을 건넌다.
   (A) ~옆에
   (B) ~아래
   (C) ~앞에
   (D) 중간에

풀이 사람들이 횡단보도를 건너는 동안 자동차가 기다리고 있는 사진이다.
이는 사람들이 자동차 앞으로 길을 건너고 있는 것이므로 (C)가 답이다.
Words and Phrases cross 건너다, 가로지르다 | beneath ~의 아래에

Part C. Practical Reading and Retelling (p.115)

[11–12]

11. Who would pay the most for a haircut at this salon?
   (A) April, getting her hair cut before college graduation
   (B) Greg, getting his hair cut the day before his wedding
   (C) Timmy, getting his hair cut to celebrate his 20th
   birthday
   (D) Emma, getting her hair cut before her first day of
   kindergarten

12. How much would it cost for a man to get his hair cut and
face shaven, but not shampooed or styled?
   (A) $25
   (B) $35
   (C) $45
   (D) $55

Sally 헤어 샵

커트	어린이 (12세 이하) – 13달러
	남성 – 20달러
	여성 – 35달러
샴푸, 드라이 및 스타일링 – 10달러	
파마 – 50달러	
머리 염색 – 40달러	
면도 – 25달러	

11. 이 미용실에서 머리를 자르기 위해 누가 가장 돈을 많이 낼 것인가?

(A) **April, 대학 졸업 전 그녀의 머리를 자르려고 함**
(B) Greg, 결혼식 전날 그의 머리를 자르려고 함
(C) Timmy, 20번째 생일을 기념하려고 그의 머리를 자르려고 함
(D) Emma, 유치원 첫 등원 전 그녀의 머리를 자르려고 함

12. 한 남성이 머리를 자르고 얼굴 면도를 받는데 샴푸와 스타일링은 받지 않는다면 얼마가 들 것인가?

(A) 25달러
(B) 35달러
(C) **45달러**
(D) 55달러

풀이 11번은 (A)는 35달러, (B)는 20달러, (C)는 20달러, (D)는 13달러의 가격이므로 가장 비싼 (A)가 답이다. 성인 남성의 경우 커트는 20달러, 면도는 25달러가 들어가므로 총 45달러가 나간다. 따라서 12번은 (C)가 답이다. (D)는 샴푸와 스타일링까지 모두 받았을 때 가격이므로 오답이다.

Words and Phrases blow-dry 드라이하다, 머리를 말리다 | style 스타일링 하다, 머리를 만지다 | perm 파마하다, 파마 | dye 염색하다 | shave 면도하다, 면도 | college 대학 | graduation 졸업 | kindergarten 유치원

[13-14]

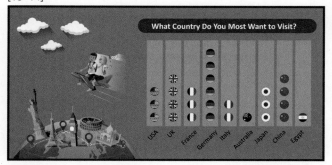

13. How many students want to go to Great Britain?

(A) 2
(B) 3
(C) 4
(D) 6

14. How many students want to go to a country outside of Europe?

(A) 12
(B) 15
(C) 19
(D) 27

해석 13. 몇 명의 학생이 영국으로 가고 싶어 하는가?

(A) 2
(B) 3
(C) 4
(D) 6

14. 몇 명의 학생이 유럽 외의 나라를 가고 싶어 하는가?

(A) 12
(B) 15
(C) 19
(D) 27

풀이 Great Britain은 영국(UK)이라 할 수 있다. 4명의 학생이 영국으로 가고 싶다고 나와 있으므로 13번은 (C)가 답이다. 그래프에 나와 있는 나라들 중 유럽에 속하는 나라는 영국, 프랑스, 독일, 이탈리아이다. 이들을 제외한 나라로 가고 싶어 하는 학생들은 총 12명이므로 14번은 (A)가 답이다.

Words and Phrases UK 영국 | Great Britain 대영제국 | outside of ~이외에, ~의 밖에

[15-16]

AUTUMN SEMESTER SCHEDULE

August	15th	First Day of School
September	5th	Labor Day Holiday (No School)
October	13th,14th	Mid-term Exams
	19th	Report Cards
November	23-24th	Thanksgiving Holiday (No School)
December	2nd	School Musical Performance
	15th,16th	Final Exams
	16th	Semester Ends

15. How many days off for special holidays do students have during the semester?

(A) 1
(B) 2
(C) 3
(D) 4

16. What do students receive in October?

(A) class grades
(B) penalty cards
(C) report projects
(D) tickets to a musical

가을학기 일정	
8월 15일	학교 첫날
9월 5일	근로자의 날(휴교)
10월 13일, 14일	중간고사
10월 19일	성적표
11월 23-24일	추수감사절(휴교)
12월 2일	학교음악공연
12월 15, 16일	기말고사
12월 16일	학기 종료

15. 학생들은 학기 동안 특별 휴일로 며칠을 쉬는가?

(A) 1

(B) 2

(C) 3

(D) 4

16. 10월에 학생들은 무엇을 받는가?

(A) 수업 성적

(B) 벌칙 카드

(C) 보고서 과제

(D) 뮤지컬 티켓

풀이 9월 5일 근로자의 날과 11월 23일과 24일 추수감사절에 학교를 쉬므로 학기 중 총 3일을 쉰다. 따라서 15번은 (C)가 답이다. 일정표에 따르면 10월에는 중간고사와 성적표 배부가 있다. 따라서 16번은 (A)가 답이다.

Words and Phrases labor 노동, 근로 | labor day 근로자의 날 | mid-term 중간의 | report card 성적표, 통지표 | thanksgiving 추수감사절 | holiday 휴가, 휴일 | performance 공연 | end 끝나다 | day off 쉬는 날 | special 특별한 | during ~중에 | receive 받다 | grade 성적; 학년 | project 과제, 연구 프로젝트

[17-18]

17. What type of coupon is this?

(A) 25% off

(B) free upgrade

(C) extra gift item

(D) buy one get one free

18. What can customers NOT do with this coupon?

(A) receive a discount until January

(B) buy four cheeseburgers at one time

(C) buy two cheeseburgers at a lower price

(D) get vegetarian burgers instead of beef ones

축하드립니다!

한 개의 가격으로 더블치즈버거 두 개를 얻으셨습니다! 더블치즈버거나 채식주의자용 더블치즈버거를 주문할 때 이 쿠폰을 제시하시고 공짜로 하나를 더 받으세요!

방문 손님 당 쿠폰 한 장 제한

2018년 1월 15일까지 유효

17. 무슨 종류의 쿠폰인가?

(A) 25% 할인

(B) 무료 등급 상승

(C) 추가 증정품

(D) 하나를 사면 하나가 공짜

18. 이 쿠폰으로 고객들이 할 수 없는 것은 무엇인가?

(A) 1월까지 할인받기

(B) 한 번에 치즈버거 4개 사기

(C) 더 싼 가격으로 치즈버거 2개 사기

(D) 소고기버거 대신 채식버거 구매하기

풀이 더블치즈버거를 한 개의 가격으로 두 개를 얻을 수 있는 쿠폰이므로 17번은 (D)가 답이다. 방문고객 한 명 당 쿠폰 한 개만 사용 가능하므로 더블치즈버거를 한 번에 최대 2개밖에 살 수 없다. 따라서 18번은 (B)가 답이다. (D)의 경우 채식주의자용 더블치즈버거도 쿠폰할인 대상이므로 오답이다.

Words and Phrases coupon 쿠폰, 할인권 | win 타다, 얻다 | order 주문하다 | vegetarian 채식주의자 | receive 받다 | limit 제한하다 | per ~당 | customer 고객, 손님 | visit 방문 | available 이용할 수 있는 | upgrade 업그레이드하다, 승급시키다 | extra 추가의 | lower 더 낮은 | instead of ~대신에

[19-20]

19. When is the welcome party?

(A) at 1PM

(B) on Saturday

(C) at Bryant Park

(D) on September 12th

20. What do visitors need to bring?

    (A) sportswear

    (B) a soccer ball

    (C) food and drinks

    (D) membership fees

해석

> 축구 클럽 환영 파티
>
> 시즌 시작에 저희와 함께하세요! 비회원들도 자유롭게 오실 수 있습니다!
>
> 날짜: 9월 12일 오전 8시
> 장소: Bryant 공원
> 가격: 무료
>
> 음식과 음료가 제공됩니다. 다 같이 경기할 수 있도록 옷을 가져오세요!

19. 환영회는 언제 하는가?

(A) 오후 1시에

(B) 토요일에

(C) Bryant 공원에서

(D) 9월 12일에

20. 방문객들은 무엇을 가져와야 하는가?

(A) 운동복

(B) 축구공

(C) 식음료

(D) 회원비

풀이 9월 12일 오전 8시에 환영회를 한다고 나와 있으므로 19번은 (D)가 답이다. 축구 경기에 참여하려면 옷을 가져오라고 나와 있다. 축구 경기를 하는 데 입는 옷은 운동복이라 할 수 있으므로 20번은 (A)가 답이다.

Words and Phrases welcome 환영 | season 시즌, 철, -기; 계절 | provide 제공하다 | match 경기, 시합 | sportswear 운동복 | membership 회원 (자격 · 신분) | fee 요금, 회비

Part D. General Reading and Retelling (p.120)

[21–22]

Today is my first day of middle school. I'm a little nervous, because I don't know anyone. My family moved after I graduated elementary school, so I had to say goodbye to all of my friends. My dad says that during vacation, we will go back and visit them. Until then, I will try hard to make new friends at my new school.

21. What is happening on this day for the writer?

    (A) The writer is starting at a new school.

    (B) The writer is saying good-bye to friends.

    (C) The writer is packing his things to move.

    (D) The writer is graduating from elementary school.

22. How does the writer feel?

    (A) sad

    (B) angry

    (C) excited

    (D) nervous

해석 오늘은 나의 중학교 첫날이다. 나는 조금 긴장된다. 왜냐하면 나는 아무도 모르기 때문이다. 우리 가족은 내가 초등학교를 졸업하고 이사를 와서, 나는 내 모든 친구들에게 작별인사를 해야 했다. 아빠는 우리가 방학 중에 돌아가서 그들을 방문할 것이라고 말씀하신다. 그때까지는, 나는 새 학교에서 새 친구를 사귀기 위해 열심히 노력할 것이다.

21. 이날 글쓴이에게 무슨 일이 일어나고 있는가?

(A) 글쓴이는 새로운 학교생활을 시작한다.

(B) 글쓴이는 친구들에게 작별인사를 한다.

(C) 글쓴이는 옮길 짐을 싼다.

(D) 글쓴이는 초등학교를 졸업한다.

22. 글쓴이의 기분은 어떤가?

(A) 슬프다

(B) 화난다

(C) 신난다

(D) 긴장된다

풀이 첫 문장을 통해 오늘이 글쓴이에게 새 학교에서의 첫날임을 알 수 있으므로 21번은 (A)가 답이다. (B), (D)의 경우 모두 이전에 일어난 일이므로 오답이다. 'I'm a little nervous'를 통해 글쓴이가 긴장했음을 알 수 있으므로 22번은 (D)가 답이다.

Words and Phrases middle school 중학교 | nervous 불안한, 초조한 | graduate 졸업하다 | elementary school 초등학교 | during ~ 중에 | make a friend 친구를 사귀다 | pack (짐을) 싸다

[23–24]

I had a terrible day today. I fell while I was walking down the street and ruined my new white dress. I was so embarrassed that I ran home as quickly as possible. I was worried my mother would be angry, but when I finished changing clothes, she gave me some cookies and juice so that I would not be sad anymore.

23. What terrible thing happened to the writer?

    (A) She tripped in the road.

    (B) Her mother was mad at her.

    (C) She spilled juice on her dress.

    (D) She could not buy the dress she wanted.

24. How did the mother react to the girl?

    (A) She forgot about her daughter.

    (B) She tried to make her daughter feel better.

    (C) She yelled at her daughter for making a mistake.

    (D) She congratulated her daughter for doing a good job.

해석 나는 오늘 끔찍한 날을 보냈다. 나는 길거리를 걸어가는 도중에 넘어졌고 내 새 흰 원피스를 망쳤다. 나는 너무 당황해서 최대한 빨리 집으로 뛰어갔다. 나는 엄마가 화를 낼까 봐 걱정했지만, 옷을 다 갈아입었을 때, 그녀는 내가 더는 우울하지 않도록 나에게 쿠키와 주스를 주었다.

23. 어떤 끔찍한 일이 글쓴이에게 일어났는가?

(A) 도로에서 넘어졌다.

(B) 어머니가 그녀에게 화가 났다.

(C) 원피스에 주스를 쏟았다.

(D) 원하는 원피스를 살 수 없었다.

24. 어머니는 소녀에게 어떻게 반응했는가?

(A) 그녀는 자기 딸에 대해 잊어버렸다.

(B) 그녀는 딸의 기분이 나아지도록 노력했다.

(C) 그녀는 실수를 저지른 것에 대해 딸에게 고함 질렀다.

(D) 그녀는 자기 딸에게 일을 잘한 것을 축하했다.

풀이 길거리를 걷다가 넘어져서 원피스를 망친 것이 글쓴이에게 일어난 끔찍한 일이므로 23번은 (A)가 답이다. (B)의 경우, 어머니는 화를 내지 않았으므로 오답이다. 어머니는 딸에게 쿠키와 주스를 주며 기분이 나아지도록 했으므로 24번은 (B)가 답이다.

Words and Phrases terrible 끔찍한 | ruin 망치다 | embarrassed 당황스러운 | quickly 빨리, 빠르게 | finish ∼ing ∼을 끝내다 | be mad at ∼에 화가 나다 | trip 발을 헛디디다 | spill (실수로) 쏟다 | react 반응하다 | yell at ∼에게 고함치다, 호통치다 | make a mistake 실수하다 | congratulate 축하하다

[25-26]

In my classroom library, there are thirty books. Ms. Powell asks all students to read one book each week and write a report on the book they read. Students have to turn in their report by Friday. There are twenty four students in my class. This week, two of my classmates were absent because they had cold.

25. What did Ms. Powell asked the students to do by Friday?

(A) read a book and write a report

(B) turn on the lights and read a book

(C) buy a book and put it in the library

(D) write a book list and go to the library

26. The students each read one book this week. How many books were left in the classroom library?

(A) 2

(B) 4

(C) 6

(D) 8

해석 우리 교실 도서관에는, 30권의 책이 있다. Powell 선생님은 모든 학생들에게 매주 책 한 권을 읽고 읽은 책에 대해 독후감을 작성해달라고 요청하신다. 학생들은 금요일까지 독후감을 제출해야 한다. 우리 반에는 24명의 학생들이 있다. 이번 주, 반 친구들 중 2명이 감기에 걸려서 결석했다.

25. Powell 선생님이 금요일까지 학생들에게 해달라고 요청한 사항은 무엇인가?

(A) 책을 읽고 독후감 작성하기

(B) 조명을 켜고 책을 읽기

(C) 책을 구입하고 도서관에 놓기

(D) 책 목록을 작성하고 도서관에 가기

26. 이번 주 학생들은 각자 책 한 권을 읽었다. 교실 도서관에는 몇 권의 책이 남아있을 것인가?

(A) 2

(B) 4

(C) 6

(D) 8

풀이 두 번째 문장을 통해 Powell 선생님이 학생들에게 매주 책 한 권을 읽고 독후감 작성을 해달라고 요청했음을 알 수 있으므로 25번은 (A)가 답이다. 이번 주 2명의 학생이 결석했으므로 총 22명의 학생이 책을 한 권씩 읽었다. 따라서 교실 도서관에는 총 30권에서 22권을 뺀 8권이 남아있음을 알 수 있으므로 26번은 (D)가 답이다.

Words and Phrases report 보고서 | turn in 제출하다 | absent 결석한 | have cold 감기에 걸리다 | by ∼까지는 | leave 남기다

[27-28]

Soccer is a sport that people all of the world play. The rules we use today mostly came from the United Kingdom starting in the 1850s. However, many other countries played similar games. A game close to soccer was played in China by 300 B.C.E. Another ball-and-foot game was also played in Ancient Greece.

27. Where might you find this passage?

(A) a novel

(B) a biography

(C) a history book

(D) an advertisement

28. What country is NOT mentioned as a place that soccer started?

(A) India

(B) China

(C) Greece

(D) the United Kingdom

해석 축구는 전 세계 사람들이 하는 스포츠이다. 오늘날 우리가 사용하는 규칙들은 대부분 1850년대 이래 영국에서 왔다. 그러나, 많은 다른 나라들은 비슷한 경기를 했다. 기원전 300년에 중국에서 축구와 비슷한 경기를 했다. 또 다른 공과 발을 이용하는 게임이 고대 그리스에서도 행해졌다.

27. 이 글을 어디서 볼 수 있을 것인가?

(A) 소설

(B) 전기

(C) 역사책

(D) 광고문

28. 축구가 시작된 장소로 언급되지 않은 나라는 무엇인가?

(A) 인도

(B) 중국

(C) 그리스

(D) 영국

풀이 축구의 규칙이 1850년대 이후 영국에서 왔다는 사실과 축구와 비슷한
게임들이 고대 중국과 그리스에서도 행해졌다는 사실들은 역사적 사실
이라 볼 수 있으므로 27번은 (C)가 답이다. 본문에서 인도는 언급되지
않았으므로 28번은 (A)가 답이다.

Words and Phrases mostly 주로, 일반적으로 | similar 비슷한, 유사한 |
close 가까운, 비슷한 | ancient 고대의 | biography
전기 | history 역사 | advertisement 광고

[29–30]

Tornadoes are storms with strong winds. They can start any-where in the world, but most tornadoes occur in the central part of the United States. Cold, dry air from Canada mixes with warm, damp air from the Atlantic Ocean. This makes violent storms that can cause a lot of damage.

29. Where do most tornadoes occur?

(A) Mexico

(B) Canada

(C) the United States

(D) the Atlantic Ocean

30. What causes tornadoes?

(A) air pollution

(B) strong winds

(C) the spinning of the Earth

(D) warm and cold air mixing

해석 토네이도는 강풍을 동반한 폭풍이다. 이들은 세계 어디에서나 발생할
수 있지만, 대부분의 토네이도는 미국 중부지역에서 발생한다. 캐나다
의 차갑고 건조한 공기가 대서양의 따뜻하고 습한 공기와 섞인다. 이것
이 큰 피해를 입힐 수 있는 맹렬한 폭풍을 만들어낸다.

29. 대부분의 토네이도는 어디서 발생하는가?

(A) 멕시코

(B) 캐나다

(C) 미국

(D) 대서양

30. 무엇이 토네이도를 발생시키는가?

(A) 대기오염

(B) 강풍

(C) 지구의 자전

(D) 따뜻하고 차가운 공기의 혼합

풀이 대부분의 토네이도는 미국 중부지역에서 발생한다고 했으므로 29번은
(C)가 답이다. 캐나다의 차가운 공기와 대서양의 따뜻한 공기가 섞여 폭
풍을 만들어낸다고 하고 있으므로 30번은 (D)가 답이다.

Words and Phrases storm 폭풍, 폭풍우 | tornado 토네이도, 회오리바람
| mix 섞이다 | warm 따뜻한 | damp 축축한, 눅눅
한 | Atlantic Ocean 대서양 | violent 난폭한, 격렬한
| cause ~를 발생시키다, 초래하다 | damage 손상,
피해 | pollution 오염 | spin 돌다, 회전하다

TOSEL BASIC

심화 5회

Section I Listening and Speaking

1 **(C)**	2 **(D)**	3 **(C)**	4 **(A)**	5 **(D)**
6 **(C)**	7 **(D)**	8 **(B)**	9 **(B)**	10 **(D)**
11 **(D)**	12 **(A)**	13 **(C)**	14 **(C)**	15 **(B)**
16 **(D)**	17 **(D)**	18 **(D)**	19 **(D)**	20 **(C)**
21 **(D)**	22 **(A)**	23 **(B)**	24 **(D)**	25 **(A)**
26 **(B)**	27 **(B)**	28 **(A)**	29 **(D)**	30 **(D)**

Section II Reading and Writing

1 **(C)**	2 **(C)**	3 **(D)**	4 **(B)**	5 **(B)**
6 **(B)**	7 **(B)**	8 **(A)**	9 **(C)**	10 **(D)**
11 **(C)**	12 **(A)**	13 **(A)**	14 **(C)**	15 **(D)**
16 **(B)**	17 **(D)**	18 **(B)**	19 **(B)**	20 **(B)**
21 **(A)**	22 **(B)**	23 **(B)**	24 **(D)**	25 **(D)**
26 **(B)**	27 **(B)**	28 **(C)**	29 **(D)**	30 **(B)**

SECTION I LISTENING AND SPEAKING

Part A. Listen and Recognize (p.132)

1. B: The cat is on the roof.
　　(C)
해석 소년: 고양이가 지붕 위에 있다.
풀이 지붕 위에 고양이가 있는 그림 (C)가 답이다.
Words and Phrases roof 지붕

2. G: The boy is wearing a striped T-shirt.
　　(D)
해석 소녀: 소년은 줄무늬 티셔츠를 입고 있다.
풀이 줄무늬 티셔츠를 입은 소년 그림 (D)가 답이다.
Words and Phrases striped 줄무늬의

3. B: There are two pairs of scissors in the cup.
　　(C)
해석 소년: 컵 안에 가위 두 개가 있다.
풀이 컵 안에 가위가 두 개 들어있는 그림 (C)가 답이다.
Words and Phrases a pair of scissors 가위 하나

4. G: I usually go to bed at ten minutes to ten.
　　(A)
해석 소녀: 나는 보통 10시 10분 전에 잠자리에 든다.
풀이 9시 50분을 가리키는 시계 그림 (A)가 답이다.
Words and Phrases usually 보통, 대개

5. B: The girl is playing a guitar.
　　(D)
해석 소년: 소녀가 기타를 치고 있다.
풀이 소녀가 기타를 치는 그림 (D)가 답이다.

PART B. Listen and Respond (p.134)

6. G: Would you like another cup of tea?
　　B: _____
　　(A) That's her cup.
　　(B) I bought two new cups.
　　(C) That would be wonderful.
　　(D) I drink a cup of coffee every day.
해석 소녀: 차 한 잔 더 먹을래?
　　소년: _____
　　(A) 그건 그녀의 컵이야.
　　(B) 새 컵 두 잔을 샀어.
　　(C) 그거 좋겠네.
　　(D) 매일 커피 한 잔을 마셔.
풀이 차를 한 잔 더 마시겠는지 묻는 말에 그러면 좋겠다고 답하는 (C)가 답
이다.

7. B: Thank you very much for helping me out with the home-
　　work.
　　G: _____
　　(A) Please help yourself.
　　(B) Sorry for your troubles.
　　(C) It's very nice of you to help.
　　(D) Don't worry. It's my pleasure.
해석 소년: 숙제 도와줘서 정말 고마워.
　　소녀: _____
　　(A) 마음껏 먹어.
　　(B) 불편하게 해서 미안해.
　　(C) 도와주다니 정말 친절하네.
　　(D) 괜찮아. 내가 좋아서 한 일이야.
풀이 숙제를 도와줘서 고맙다고 감사를 전하는 말에 (자신의 도움이) 별 것
　　아니라고 답하는 (D)가 답이다.
Words and Phrases trouble 문제, 골칫거리

8. G: How much time do we have until the game?
　　B: _____
　　(A) About a few miles to go.
　　(B) About ten more minutes.
　　(C) About the meeting on Saturday.
　　(D) About seven kilograms per basket.
해석 소녀: 경기까지 시간이 얼마나 남았어?
　　소년: _____
　　(A) 몇 마일쯤 더 가야 해.
　　(B) 대략 10분 정도.
　　(C) 토요일 회의에 관하여.
　　(D) 한 바구니당 대략 7kg.

풀이 경기 시작까지 얼마 남았는지 묻는 말에 대략 10분 정도 남았다고 알
맞은 시간 정보를 제공하는 (B)가 답이다.
Words and Phrases game 게임, 경기, 시합 | basket 바구니

9. B: What does your older sister do?
   G: _____
      (A) I don't want to tell her that.
      (B) **She works in the supermarket.**
      (C) I have two friends from school.
      (D) She's one year younger than me.

해석 소년: 네 언니는 무슨 일을 해?
   소녀: _____
      (A) 그녀에게 그것을 말하고 싶지 않아.
      (B) 슈퍼마켓에서 일해.
      (C) 학교에서 사귄 친구 두 명이 있어.
      (D) 그녀는 나보다 한 살 더 어려.
풀이 소녀의 언니가 무슨 일을 하는지 묻는 말에 슈퍼마켓에서 일한다며 무
   슨 일을 하는지 답하는 (B)가 답이다.

10. G: Is it going to rain today?
    B: _____
      (A) I'm going by bus.
      (B) It's a yellow bag.
      (C) I bought it yesterday.
      (D) **It's going to be sunny all day.**

해석 소녀: 오늘 비가 내리니?
   소년: _____
      (A) 난 버스 타고 가.
      (B) 노란색 가방이야.
      (C) 어제 그걸 샀어.
      (D) 온종일 화창할 거야.
풀이 오늘 비가 내리는지 묻는 말에 종일 화창할 거라며 날씨 정보를 제공
   하는 (D)가 답이다.
Words and Phrases by bus 버스로, 버스를 타고 | all day 온종일

Part C. Listen and Retell (p.135)

11. B: How about some fresh juice? I'd like strawberry juice.
    G: I'll have the same.
    Q: What is the girl having?
       (D)
해석 소년: 신선한 주스는 어때? 난 딸기 주스가 좋겠어.
   소녀: 나도 같은 거로 할게.
   질문: 소녀는 무엇을 마실 것인가?
풀이 소년과 똑같이 딸기 주스를 마신다고 했으므로 딸기 주스 그림 (D)가
   답이다.
Words and Phrases fresh 신선한

12. G: Oh my god. I think I lost my wallet.
    B: Oh, no. Did you check your bag?
    Q: What is the girl looking for?
       (A)
해석 소녀: 맙소사. 지갑을 잃어버린 것 같아.
   소년: 이런. 가방 확인해 봤어?
   질문: 소녀는 무엇을 찾고 있는가?
풀이 지갑을 잃어버렸다고 했으므로 지갑 그림 (A)가 답이다.
Words and Phrases lose 잃어버리다 | wallet 지갑 | look for ～을 찾다

13. B: Sophie! Is this new hat for me?
    G: Sorry, John. It's for Henry. It's for his birthday.
    Q: Who is the hat for?
       (C)
해석 소년: Sophie! 이 새 모자 나 주는 거야?
   소녀: 미안, John. 그건 Henry 거야. 그의 생일 선물로 줄 거야.
   질문: 모자는 누구를 위한 것인가?
풀이 새 모자는 Henry에게 주는 생일선물이라고 했으므로 Henry가 쓰여있
   는 그림 (C)가 답이다.

14. G: How's your study going for the math test tomorrow?
    B: I think I'm not going to do well on the test.
    Q: What are they talking about?
      (A) health
      (B) homework
      (C) a math test
      (D) the weekend
해석 소녀: 내일 볼 수학 시험공부는 어떻게 돼가?
   소년: 시험을 잘 보지 못할 것 같아.
   질문: 무엇에 대해 이야기하고 있는가?
      (A) 건강
      (B) 숙제
      (C) 수학 시험
      (D) 주말
풀이 수학 시험공부와 준비에 대해 대화를 나누고 있으므로 (C)가 답이다.
Words and Phrases health 건강

15. B: What did you do on the weekend?
    G: I just stayed home and got some rest.
    Q: What did the girl do on the weekend?
      (A) read a book
      (B) **stayed home**
      (C) went to a spa
      (D) cleaned the house
해석 소년: 주말에 뭐 했어?
   소녀: 그냥 집에 있으면서 좀 쉬었어.
   질문: 소녀는 주말에 무엇을 했는가?
      (A) 독서했다
      (B) 집에 있었다
      (C) 온천에 갔다
      (D) 집 청소를 했다
풀이 주말에 집에서 휴식을 취했다고 했으므로 (B)가 답이다.
Words and Phrases get some rest (약간의) 휴식을 취하다 | spa 온천, 스파

16. W: Please make sure you lock the door behind you.
    B: Okay Mom, I will.
    Q: What does the mom want the boy to do?
       (A) go home after school
       (B) meet her after school
       (C) follow the school rules
       (D) lock the door behind him
해석 여자: 나오면서 문을 꼭 잠그도록 하렴.
     소년: 알았어요 엄마, 그럴게요.
     질문: 엄마는 소년이 무엇을 하길 원하는가?
     (A) 방과 후 집에 간다
     (B) 방과 후 그녀를 만난다
     (C) 학교 규칙을 따른다
     (D) 나오면서 문을 잠근다
풀이 문을 꼭 잠그라고 부탁했으므로 (D)가 답이다.
Words and Phrases make sure ~을 확실히 하다 | lock 잠그다 | behind
                    ~의 뒤에 | rule 규칙

17. B: Kelly, do you know the name of this flower?
    G: It's a yellow daisy. It's my favorite.
    Q: What are they talking about?
       (A) a color
       (B) a hobby
       (C) a friend
       (D) a flower
해석 소년: Kelly, 너 이 꽃의 이름이 뭔지 알아?
     소녀: 그건 노란색 데이지야. 내가 제일 좋아하는 거야.
     질문: 무엇에 대해 이야기하고 있는가?
     (A) 색깔
     (B) 취미
     (C) 친구
     (D) 꽃
풀이 노란색 데이지라는 꽃에 대해 대화를 나누고 있으므로 (D)가 답이다.

[18–19]
G: I live with three roommates. They are Susan, Alicia and
Kathy. They are friends from school. We do lots of things
together. We study together, we eat together and we play
games together when we're finished with homework. It's
very fun to live with the girls.

18. How many people live together?
    (A) 1
    (B) 2
    (C) 3
    (D) 4
19. According to the passage, what do they probably NOT do
together?
    (A) play games
    (B) eat breakfast
    (C) study for tests
    (D) talk on the phone

해석 소녀: 나는 세 명의 룸메이트와 함께 산다. 걔네들은 Susan, Alicia 그리
     고 Kathy이다. 그들은 학교 친구들이다. 우리는 많은 것들을 함
     께 한다. 우리는 함께 공부하고, 함께 식사하고 숙제를 마치면 함
     께 게임을 한다. 이 여자 아이들과 함께 사는 것은 매우 재밌다.

18. 몇 명의 사람들이 함께 사는가?
(A) 1
(B) 2
(C) 3
(D) 4

19. 지문에 따르면, 그들이 아마도 함께하지 않는 것은 무엇인가?
(A) 게임을 한다
(B) 아침을 먹는다
(C) 시험공부를 한다
(D) 전화통화를 한다

풀이 소녀와 소녀의 룸메이트 3명, 즉 총 4명이 함께 살고 있으므로 18번의
     답은 (D)이다. (C)의 경우 소녀를 빼먹었을 때 고를 수 있는 오답이다.
     전화통화는 언급되지 않았으므로 19번의 답은 (D)이다. (B)의 경우 식
     사를 같이한다 했고, (C)의 경우 공부를 같이한다 했으므로 오답이다.
Words and Phrases roommate 룸메이트 | lots of 많은

[20–21]
B: This weekend, I have a swim practice with my swim teacher.
   I have been taking lessons for three years since I was six
   years old. I want to be a professional swimmer when I grow
   up. I train three hours every week. Last month, I won at the
   Junior Swimming Competition.

20. How old is the boy now?
    (A) 3
    (B) 6
    (C) 9
    (D) 12
21. What does the boy want to be?
    (A) a doctor
    (B) a teacher
    (C) a lesson planner
    (D) a professional swimmer

해석 소년: 이번 주말, 나는 수영 선생님과 수영 연습이 있다. 나는 6살 때
     부터 3년 동안 수업을 받아왔다. 나는 커서 프로 수영선수가 되
     고 싶다. 나는 매주 3시간씩 훈련한다. 지난달, 나는 주니어 수영
     대회에서 우승했다.

20. 소년은 현재 몇 살인가?
(A) 3
(B) 6
(C) 9
(D) 12

21. 소년은 무엇이 되고 싶은가?

(A) 의사

(B) 선생님

(C) 수업 설계자

(D) 프로 수영선수

풀이 6살 때부터 3년 동안 수영 강습을 받았으므로 현재는 9살이다. 따라서 20번의 답은 (C)이다. 커서 프로 수영선수가 되고 싶다고 했으므로 21번의 답은 (D)이다.

Words and Phrases　practice 연습 | take lesson 강습을 받다 | professional 전문적인, 프로의 | grow up 성장하다 | train 훈련하다 | competition 대회, 경쟁 | planner 설계자, 계획자

[22-23]

G: There was a school bazaar today. My mom gave me 7 dollars to spend in the bazaar. I bought a book, "the Life of Dolphins." The book was 2 dollars. I also bought two bags of chocolate chip cookies. They were 1 dollar per bag.

22. What did the girl buy at the school bazaar?

(A) a book

(B) a pencil

(C) a jelly bag

(D) chocolate milkshake

23. How much money did the girl spend at the bazaar?

(A) 3 dollars

(B) 4 dollars

(C) 6 dollars

(D) 7 dollars

해석 소녀: 오늘 학교 바자회가 있었다. 엄마가 바자회에서 쓸 7달러를 나에게 주셨다. 나는 "돌고래의 생애"라는 책 한 권을 샀다. 그 책은 2달러였다. 나는 또한 초콜릿 칩 쿠키 두 봉지를 샀다. 한 봉지에 1달러였다.

22. 소녀는 학교 바자회에서 무엇을 샀는가?

(A) 책

(B) 연필

(C) 젤리 가방

(D) 초콜릿 밀크 셰이크

23. 소녀는 바자회에서 얼마를 썼는가?

(A) 3달러

(B) 4달러

(C) 6달러

(D) 7달러

풀이 "the Life of Dolphins"라는 책을 샀다고 했으므로 22번의 답은 (A)이다. "the Life of Dolphins"는 2달러에 구입하고, 초콜릿 칩 두 봉지는 2달러에 구입했을 것이므로, 총 4달러를 썼다. 따라서 23버의 답은 (B)이다.

Words and Phrases　bazaar 바자회 | spend 쓰다, 지불하다 | per ~당, ~마다

[24-25]

B: I watched TV last night at home with my parents. It was a movie, titled "A Tale of Three Cities." It was a love story between two people during the war between China and Japan in the 1930s. It was a very touching story.

24. Who did the boy watch the movie with?

(A) the citizens

(B) the two lovers

(C) the boy's friends

(D) the boy's parents

25. What was the movie about?

(A) a love story

(B) a title match

(C) cities in Japan

(D) battles in Europe

해석 소년: 나는 어젯밤에 부모님과 함께 집에서 TV를 보았다. 그것은 "세 도시 이야기"라는 제목의 영화였다. 그것은 1930년대 중국과 일본 간의 전쟁 도중 두 사람 사이의 사랑 이야기였다. 매우 감동적인 이야기였다.

24. 소년은 누구와 함께 영화를 보았는가?

(A) 시민들

(B) 두 연인

(C) 소년의 친구들

(D) 소년의 부모님

25. 영화는 무엇에 관한 것이었는가?

(A) 사랑 이야기

(B) 타이틀 경기

(C) 일본의 도시들

(D) 유럽에서의 전투

풀이 어젯밤 부모님과 집에서 TV로 영화를 시청했다고 했으므로 24번의 답은 (D)이다. 영화는 전쟁 중 두 사람의 사랑 이야기라고 했으므로 25번의 답은 (A)이다.

Words and Phrases　last night 어젯밤, 지난밤 | title 제목을 붙이다 | during ~동안, ~중에 | war 전쟁 | touching 감동적인 | match 경기, 시합; 맞수 | battle 전투

26. G: Can I have a piece of candy?
　　B: Yes, sure. What color do you like?
　　G: I like all colors.
　　B: _____

　　　(A) It's very easy.
　　　(B) Try the red one.
　　　(C) They are all fast.
　　　(D) Go to the classroom.

해석　소녀: 사탕 한 알 줄래?
　　　소년: 응, 물론이지. 어떤 색을 원해?
　　　소녀: 난 모든 색이 다 좋아.
　　　소년: _____
　　　(A) 그건 매우 쉬워.
　　　(B) 빨간 것을 먹어봐.
　　　(C) 그것들은 다 빨라.
　　　(D) 교실로 가.

풀이　어떤 색의 사탕을 먹고 싶은지 묻는 말에 소녀는 모든 색깔이 좋다고
　　　답하고 있다. 이에 대해 빨간 것을 먹어보라 제안하는 (B)가 답이다.

27. B: Is that Mr. Johnson?
　　G: Yes, it is. He's back!
　　B: Wow, I'm so glad to see him.
　　G: _____

　　　(A) He's Mr. Howard.
　　　(B) Me too. I missed him.
　　　(C) He's going to be back soon.
　　　(D) You too. Thank you so much.

해석　소년: 저분 Johnson 씨야?
　　　소녀: 응, 맞아. 돌아오셨어!
　　　소년: 와, 그를 봐서 너무 기뻐.
　　　소녀: _____
　　　(A) 그는 Howard 씨야.
　　　(B) 나도. 그가 보고 싶었어.
　　　(C) 그는 곧 돌아오실 거야.
　　　(D) 너도. 정말 고마워.

풀이　떠났다가 다시 돌아온 Johnson 씨를 보며 반가워하고 있다. 이에 대해
　　　자신도 그가 보고 싶었다고 말하고 있으므로 (B)가 답이다.

Words and Phrases　miss 그리워하다. 보고 싶어 하다

28. G: I like playing the piano. How about you?
　　B: I like listening to the piano but not playing it.
　　G: Then, I should play for you.
　　B: _____

　　　(A) Great idea!
　　　(B) I love playing piano.
　　　(C) Listening is difficult.
　　　(D) I'm sorry to hear that.

해석　소녀: 난 피아노 치는 게 좋아. 너는?
　　　소년: 난 피아노를 듣는 건 좋은데 치는 건 좋아하지 않아.
　　　소녀: 그럼, 내가 널 위해 연주해야겠네.
　　　소년: _____
　　　(A) 좋은 생각이야!
　　　(B) 난 피아노 치는 게 좋아.
　　　(C) 듣는 건 어려운 거야.
　　　(D) 그 말을 들으니 안타깝다.

풀이　소년이 피아노 감상은 좋아하지만 피아노 연주는 좋아하지 않는다고
　　　하자 피아노 연주를 좋아하는 자신이 연주해주겠다며 둘이서 피아노
　　　를 즐길 한 가지 방법을 제시하고 있다. 이에 대해 좋은 생각이라고 답
　　　하는 (A)가 답이다.

29. B: What are you doing?
　　G: I'm doing my homework.
　　B: For science class?
　　G: _____

　　　(A) No, it's not okay.
　　　(B) Yes, it's almost ten.
　　　(C) No, it's a blue toy train.
　　　(D) Yes, it's a new science project.

해석　소년: 너 뭐해?
　　　소녀: 숙제하고 있어.
　　　소년: 과학 수업 때문에?
　　　소녀: _____
　　　(A) 아니, 괜찮지 않아.
　　　(B) 응, 거의 10시야.
　　　(C) 아니, 그건 파란색 장난감 기차야.
　　　(D) 응, 이건 새 과학 과제야.

풀이　과학 수업 때문에 숙제하고 있는지 묻는 말에 그렇다며 새 과학 과제라
　　　고 답하는 (D)가 답이다.

Words and Phrases　project 과제, 연구 프로젝트

30. G: Bring my umbrella.
　　B: What? Is it raining?
　　G: No, you forgot to give my umbrella back to me.
　　B: _____

　　　(A) No, it's red.
　　　(B) Yes, it's mine.
　　　(C) No, it's raining.
　　　(D) Yes, that's right.

해석　소녀: 내 우산 가져와.
　　　소년: 뭐? 비 와?
　　　소녀: 아니, 너 내 우산 돌려주는 거 까먹었잖아.
　　　소년: _____
　　　(A) 아니, 그건 빨개.
　　　(B) 응, 그건 내 거야.
　　　(C) 아니, 비 오고 있어.
　　　(D) 응, 그렇네.

풀이　자신의 우산을 돌려주는 걸 까먹었다고 상기시켜주는 말에 그렇다고
　　　동의하는 (D)가 답이다.

Words and Phrases　forget to do something ~하는 것을 까먹다

Part A. Sentence Completion (p.142)

1. A: _____ are you?
   B: I am nine years old.
   (A) When
   (B) Where
   (C) How old
   (D) How much
해석 A: 너 몇 살이야?
   B: 난 9살이야.
   (A) 언제
   (B) 어디서
   (C) 몇 살
   (D) 얼마나 많이
풀이 B의 대답으로 보아 나이를 물어보고 있으므로 나이를 물을 때 사용하는 의문사인 (C)가 답이다.

2. A: _____ you help me?
   B: Of course, I can!
   (A) Let
   (B) Are
   (C) Can
   (D) Have
해석 A: 나 도와줄 수 있어?
   B: 물론, 그럴 수 있지!
   (A) ~하게 하다
   (B) Be 동사 (2인칭/3인칭 복수)
   (C) 조동사 Can
   (D) 조동사 Have
풀이 B가 'I can'이라 답하고 있으므로 A도 조동사 can으로 물어보고 있음을 유추할 수 있다. 따라서 (C)가 답이다.

3. A: Whose pencil is this?
   B: This is _____.
   (A) me
   (B) my
   (C) him
   (D) his
해석 A: 이 연필 누구 거야?
   B: 이건 그의 것이야.
   (A) 나를
   (B) 나의
   (C) 그를
   (D) 그의 것
풀이 빈칸에는 '~의 것'을 뜻하는 소유대명사가 나오는 것이 적절하므로 (D)가 답이다. 3인칭 남성 단수의 경우 소유격과 소유대명사가 'his'로 형태가 똑같음에 유의한다.
Words and Phrases whose (의문문에서) 누구의

4. A: The neighbor's dog barks _____.
   B: I can't stand it!
   (A) loud
   (B) loudly
   (C) louded
   (D) louding
해석 A: 이웃집의 개가 시끄럽게 짖어.
   B: 참을 수가 없어!
   (A) 시끄러운
   (B) 시끄럽게
   (C) 틀린 표현
   (D) 틀린 표현
풀이 빈칸에는 동사를 수식하는 부사가 필요하므로 (B)가 답이다.

5. A: Where is Kitty?
   B: She's _____ the roof.
   (A) at
   (B) on
   (C) for
   (D) from
해석 A: Kitty는 어딨어?
   B: 그녀는 지붕 위에 있어.
   (A) ~에
   (B) ~위에
   (C) ~을 위해
   (D) ~로부터
풀이 지붕 위에 있다는 것이 적절하므로 (B)가 답이다.
Words and Phrases roof 지붕

Part B. Situational Writing (p.143)

6. Ms. Ginger is helping students _____.
   (A) read books
   (B) cut the paper
   (C) draw pictures
   (D) clean the classroom
해석 Ginger 선생님은 학생들이 종이 오리는 것을 도와주고 있다.
   (A) 책을 읽다
   (B) 종이를 오리다
   (C) 그림을 그리다
   (D) 교실을 청소하다
풀이 종이를 오리고 있으므로 (B)가 답이다.
Words and Phrases cut 자르다, 오리다

7. The girl is wearing _____.

    (A) sandals

    (B) a raincoat

    (C) a swimsuit

    (D) winter boots

해석 소녀는 우비를 입고 있다.

    (A) 샌들

    (B) 우비

    (C) 수영복

    (D) 겨울 부츠

풀이 비가 내리고 소녀는 우비를 입고 있으므로 (B)가 답이다.

Words and Phrases raincoat 우비 | swimsuit 수영복

8. The monster has _____.

    (A) one eye

    (B) two teeth

    (C) three horns

    (D) five fingers

해석 괴물은 눈이 한 개 있다.

    (A) 눈이 한 개

    (B) 이빨 두 개

    (C) 뿔 세 개

    (D) 손가락 다섯 개

풀이 눈이 한 개밖에 없으므로 (A)가 답이다.

Words and Phrases tooth 이빨 | horn 뿔

9. The family is standing _____ a house.

    (A) inside

    (B) behind

    (C) in front of

    (D) in beside of

해석 가족이 집 앞에 서 있다.

    (A) ~안의

    (B) ~뒤에

    (C) ~앞에

    (D) ~옆에

풀이 한 가족이 집 앞에 서 있으므로 (C)가 답이다.

Words and Phrases in front of ~의 앞에

10. The road is _____.

    (A) wavy

    (B) sharp

    (C) curvy

    (D) straight

해석 도로가 쭉 뻗어 있다.

    (A) 물결 모양의

    (B) 급격한

    (C) 굴곡진

    (D) 쭉 뻗은

풀이 도로가 직선으로 곧게 뻗어 있으므로 (D)가 답이다.

Words and Phrases wavy 물결 모양의 | sharp 날카로운; 급격한 | curvy 굴곡진 | straight 곧은, 똑바른

Part C. Practical Reading and Retelling (p.145)

[11-12]

11. Helen has $2.70. Which ice cream can she buy?

    (A) melon ice cream

    (B) banana ice cream

    (C) yogurt ice cream

    (D) chocolate ice cream

12. Which ice cream is most expensive?

    (A) melon ice cream

    (B) banana ice cream

    (C) yogurt ice cream

    (D) chocolate ice cream

해석 Jim's 아이스크림

요거트 아이스크림	2.5달러	바나나 아이스크림	2.75달러	포도 아이스크림	3달러
초콜릿 아이스크림	3.5달러	레몬 아이스크림	3.5달러	멜론 아이스크림	3.75달러

11. Helen에게는 2.7달러가 있다. 그녀가 살 수 있는 아이스크림은 무엇인가?

    (A) 멜론 아이스크림

    (B) 바나나 아이스크림

    (C) 요거트 아이스크림

    (D) 초콜릿 아이스크림

12. 어떤 아이스크림이 가장 비싼가?

    (A) 멜론 아이스크림

    (B) 바나나 아이스크림

    (C) 요거트 아이스크림

    (D) 초콜릿 아이스크림

풀이 2.7달러 이하의 아이스크림만 살 수 있으므로 2.5달러인 요거트 아이스크림만 살 수 있다. 따라서 11번의 답은 (C)이다. 멜론 아이스크림이 3.75달러로 가장 비싸므로 12번의 답은 (A)이다.

Words and Phrases expensive 비싼

[13-14]

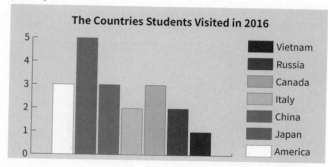

The Countries Students Visited in 2016

Vietnam
Russia
Canada
Italy
China
Japan
America

13. Which country was most visited in 2016?
   (A) Japan
   (B) China
   (C) Canada
   (D) Vietnam

14. If the class has 29 students, and each student only went to one country, how many students did not visit another country?
   (A) 1
   (B) 9
   (C) 10
   (D) 19

해석 13. 2016년에 어떤 나라를 가장 많이 방문했는가?
   (A) 일본
   (B) 중국
   (C) 캐나다
   (D) 베트남

14. 한 반에 29명의 학생이 있고, 각 학생은 오직 한 나라에만 방문했다면, 몇 명의 학생이 다른 나라에 방문하지 않았는가?
   (A) 1
   (B) 9
   (C) 10
   (D) 19

풀이 일본에 방문한 학생이 총 5명으로 가장 많다. 따라서 13번의 답은 (A)이다. 그래프에 따르면 다른 나라를 방문한 학생은 총 19명이다. 따라서 29에서 19을 뺀 10명의 학생이 다른 나라에 방문하지 않은 것이므로 14번의 답은 (C)이다.

Words and Phrases only 오직, 유일한

[15-16]

15. What is advised to do at the party?
   (A) play loud music
   (B) come anytime you want
   (C) make something healthy
   (D) wear something interesting

16. When is the party?
   (A) October 30th
   (B) 2:00 PM
   (C) Kingston Avenue
   (D) Saturday

해석

초대되셨습니다!
할로윈 파티
Samantha 집에서

해주세요:
– 독특한 의상 입기
– 맛있는 캔디 가져오기
– 제시간에 오기

하지 말아주세요:
– 위험한 물건 가져오기
– 집에서 너무 시끄럽게 하기

장소: Kingston 거리 20번지
시간: 오후 2시
날짜: 10월 31일 금요일

15. 파티에서 하도록 권장되는 것은 무엇인가?
   (A) 시끄러운 음악을 튼다
   (B) 오고 싶을 때 온다
   (C) 몸에 좋은 것을 만든다
   (D) 재밌는 것을 입는다

16. 파티는 언제인가?
   (A) 10월 30일
   (B) 오후 2시
   (C) Kingston 거리
   (D) 토요일

풀이 15번은 'Please do' 목록 중에 독특한 의상을 입는 항목이 있으므로 이를 비슷한 말로 바꾼 (D)가 답이다. (B)의 경우 제시간에 와달라고 했으므로 오답이다. 파티는 10월 31일 금요일 오후 2시에 한다고 했으므로 16번은 (B)가 답이다.

Words and Phrases Halloween 핼러윈(10월 31일 밤) | avenue 거리, –가 | unique 독특한, 특별한 | costume 의상, 복장, 변장 | delicious 맛있는 | be on time 시간을 지키다, 제시간에 오다 | dangerous 위험한 | loud 시끄러운

[17–18]

Children's TV Schedule (June 8th, Sat. Afternoon)

1:00	BINGO!	*Kids Bingo Show*
1:55		Short Animation *Larry the Monster*
2:10		*Dinosaur Clues*
3:00		Science Film *Planet Sea*
3:55		*The City of Building Blocks*
4:10		Short Animation *Choo Choo Train*
5:00		*Adventure of Humpty*
5:55		Short Movie *Animal Kingdom*

17. When does the program, *Adventure of Humpty* start?

(A) 3:55 AM

(B) 5:00 AM

(C) 3:55 PM

(D) 5:00 PM

18. How long is the *Kids Bingo Show*?

(A) 10 minutes

(B) 55 minutes

(C) 1 hour

(D) 2 hours

해석 어린이 TV 프로그램 편성표 (6월 8일 토요일 오후)

1:00	Kids Bingo Show
1:55	단편 애니메이션 Larry the Monster
2:10	Dinosaur Clues
3:00	과학 영화 Planet Sea
3:55	The City of Building Blocks
4:10	단편 애니메이션 Choo Choo Train
5:00	Adventure of Humpty
5:55	단편 영화 Animal Kingdom

17. *Adventure of Humpty* 프로그램은 언제 시작하는가?

(A) 오전 3:55

(B) 오전 5:00

(C) 오후 3:55

(D) 오후 5:00

18. *Kids Bingo Show*는 얼마 동안 하는가?

(A) 10분

(B) 55분

(C) 1시간

(D) 2시간

풀이 일정표는 오후 일정표이며, *Adventure of Humpty* 프로그램은 5시에 시작하므로 17번은 (D)가 답이다. *Kids Bingo Show*는 오후 1시에 시작해서 다음 프로그램이 시작하기 전 오후 1시 55분까지 방영하므로 18번은 (B)가 답이다.

Words and Phrases schedule 일정, 편성표 | short 짧은, 단편의 | animation 만화 영화, 애니메이션 | how long 얼마나 오래

[19–20]

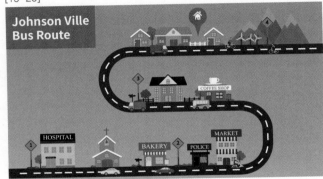

Johnson Ville Bus Route

19. If you want to go to the police station, which bus stop would you have to get off at?

(A) 1

(B) 2

(C) 3

(D) 4

20. The red mark is Jane's house. How many bus stops would Jane take to get to the hospital?

(A) 1

(B) 3

(C) 5

(D) 6

해석 Johnson 마을 버스 노선

HOSPITAL (병원)
BAKERY (빵집)
POLICE (경찰서)
MARKET (마트)
COFFEE SHOP (커피숍)

19. 경찰서에 가고 싶다면, 어느 버스 정류장에서 내려야 하는가?

(A) 1

(B) 2

(C) 3

(D) 4

20. 빨간색 표시는 Jane의 집이다. Jane이 병원에 가려면 몇 개의 버스 정류장을 가야 하는가?

(A) 1

(B) 3

(C) 5

(D) 6

풀이 경찰서(POLICE)는 2번 정류장 근처에 위치하므로 19번은 (B)가 답이다. Jane의 집에서 병원에 가기 위해서는 3번, 2번, 1번 총 3개의 버스 정류장을 차례대로 가야 하므로 20번은 (B)가 답이다.

Words and Phrases route 노선, 경로 | get off (버스 등에서) 내리다 | mark 표시

Part D. General Reading and Retelling (p.150)

[21~22]

Tony has a dog named Mimi. Tony loves to take Mimi for a walk. Yesterday, he took Mimi to the park. He met Emily, a friend from school, with her dog, Kane. The four of them played catch. Tony and Emily threw a stick. Mimi and Kane ran really fast to catch the stick. They all had a really fun time at the park.

21. Where did they play catch?
(A) at the park
(B) at Tony's school
(C) in Emily's house
(D) in Tony's backyard
22. Who is Kane?
(A) Tony's pet
(B) Emily's pet
(C) Tony's brother
(D) Emily's brother

해석 Tony에게는 Mimi라는 이름의 개 한 마리가 있다. Tony는 Mimi를 데리고 산책가는 것을 좋아한다. 어제, 그는 Mimi를 공원에 데려갔다. 그는 그녀의 개 Kane과 함께 있는 학교 친구 Emily를 만났다. 이 4명은 캐치볼을 했다. Tony와 Emily는 막대기를 던졌다. Mimi와 Kane은 막대기를 잡기 위해 아주 빨리 달렸다. 그들은 모두 공원에서 즐거운 시간을 보냈다.

21. 그들은 어디서 캐치볼을 했는가?
(A) 공원에서
(B) Tony의 학교에서
(C) Emily의 집에서
(D) Tony의 뒷마당에서

22. Kane은 누구인가?
(A) Tony의 애완동물
(B) Emily의 애완동물
(C) Tony의 남동생
(D) Emily의 남동생

풀이 Tony가 Mimi를 공원에 데려가서 거기서 Emily와 Kane을 만나 같이 캐치볼을 했으므로 21번은 (A)가 답이다. 두 번째 줄의 'her dog, Kane'을 통해 Kane이 Emily의 애완견임을 알 수 있으므로 22번은 (B)가 답이다.

Words and Phrases name 이름을 지어주다 | walk 걷기, 산책 | stick 막대기 | catch 캐치볼 놀이 | backyard 뒷마당, 뒤뜰

[23~24]

Today, I read a book about a famous musician, Wolfgang Amadeus Mozart. He was born in 1756 in Austria. His father was a violinist. Mozart learned music when he was three years old. He started writing his own music when he was five years old. His sister and he travelled all over Europe for people who wanted to listen to their music.

23. When did Mozart write his first piece of music?
(A) 3 years old
(B) 5 years old
(C) 7 years old
(D) 9 years old
24. Why did Mozart and his sister travel Europe?
(A) to be great violinists
(B) to go to a music school
(C) to meet famous people
(D) to play music in front of people

해석 오늘, 나는 유명한 음악가인 Wolfgang Amadeus Mozart에 대한 책을 읽었다. 그는 1756년 오스트리아에서 태어났다. 그의 아버지는 바이올리니스트였다. 모차르트는 그가 3살 때 음악을 배웠다. 그는 5살 때 자신만의 음악을 작곡하기 시작했다. 그와 그의 누이는 자신들의 음악을 듣고 싶어 하는 사람들을 위해 유럽 전역을 돌아다녔다.

23. 모차르트가 그의 첫 번째 곡을 작곡했던 때는 언제인가?
(A) 3살
(B) 5살
(C) 7살
(D) 9살

24. 모차르트와 그의 누이는 왜 유럽을 돌아다녔는가?
(A) 위대한 바이올린 연주자 되기 위해
(B) 음악 학교에 가기 위해
(C) 유명인들을 만나기 위해
(D) 사람들 앞에서 음악을 연주하기 위해

풀이 5살 때 자신만의 음악을 작곡하기 시작했다고 말하고 있으므로 23번은 (B)가 답이다. 모차르트와 그의 누이가 유럽 전역을 돌아다닌 이유는 자신들의 음악을 듣고 싶어 하는 사람들을 위해서였다. 이는 다시 말해 자신들의 음악을 다른 이들에게 연주하여 들려주는 것이라 추론할 수 있으므로 24번은 (D)가 답이다.

Words and Phrases famous 유명한 | musician 음악가 | born 태어난; 타고난 | violinist 바이올린 연주자 | own 자신의 | piece 한 작품, 한 점 | in front of ~의 앞에서

[25–26]

There is a school book sale tomorrow. My teacher, Mr. Pickering asked all students to bring two books that we don't read anymore. There are 9 students in my class. We will exchange the books from my class with Suzy's class. There are 10 students in Suzy's class. I still don't know which two books to bring.

25. How many books will be collected from Suzy's class?
    (A) 9
    (B) 10
    (C) 18
    (D) 20

26. When they exchange the books from the two classes, how many books will not be traded?
    (A) 1
    (B) 2
    (C) 3
    (D) 4

해석 내일 학교 책 판매가 있다. 나의 선생님인 Pickering 선생님은 우리가 더는 읽지 않는 책 두 권을 가져오라고 모든 학생들에게 부탁하셨다. 우리 반에는 9명의 학생들이 있다. 우리는 우리 반의 책들을 Suzy의 반과 교환할 것이다. Suzy의 반에는 10명의 학생들이 있다. 나는 아직도 어떤 책 두 권을 가져가야 할지 모르겠다.

25. Suzy의 반에서 몇 권의 책이 모일 것인가?
(A) 9
(B) 10
(C) 18
(D) 20

26. 두 학급에서 책을 교환할 때, 몇 권의 책이 교환되지 않을 것인가?
(A) 1
(B) 2
(C) 3
(D) 4

풀이 모든 학생들은 각자 책 두 권을 가져올 것이고 Suzy의 반에는 10명의 학생이 있으므로 10의 두 배를 한 20권의 책이 모일 것이다. 따라서 25번은 (D)가 답이다. 글쓴이의 반에는 18권의 책이, Suzy의 반에는 20권의 책이 모인다. 두 반끼리 책을 한 권씩 대응하여 교환하고 나면 책 권수가 더 많은 반의 책이 남게 된다. 즉, 20에서 18을 뺀 2권의 책이 교환되지 않고 남는다. 따라서 26번은 (B)가 답이다.

Words and Phrases sale 판매, 세일 | exchange 교환하다 | collect 모으다, 수집하다 | trade 거래하다, 주고받다

[27–28]

The first computer in the world was developed in 1946. It took three years to build it. It weighed more than 27 tons (compare: elephants weigh about 7 tons) and took up a large room. It was called ENIAC. It could calculate 5,000 equations in one second. It took several people to program the computer. The computers that we use today are almost a hundred thousand times faster.

27. What would be the best title for this passage?
    (A) Today's Computers
    (B) The First Computer
    (C) The Speed of a Computer
    (D) The Weight of a Computer

28. According to the passage, what is true about ENIAC?
    (A) It was lighter than elephants.
    (B) It was smaller than an elevator.
    (C) It was faster than a human at math.
    (D) It was developed a hundred years ago.

해석 세계 최초의 컴퓨터는 1946년에 개발됐다. 그것을 구축하는 데 3년이 걸렸다. 그것은 27톤보다 더 무게가 나가고 (비교: 코끼리는 대략 7톤이 나간다) 큰 방을 차지했다. 그것은 ENIAC이라고 불렸다. 그것은 1초에 5000개의 방정식을 계산할 수 있었다. 이 컴퓨터를 프로그래밍하는데 여러 사람이 필요했다. 오늘날 우리가 사용하는 컴퓨터는 거의 10만 배나 더 빠르다.

27. 이 글의 제목으로 가장 알맞은 것은 무엇인가?
(A) 오늘날의 컴퓨터들
(B) 최초의 컴퓨터
(C) 컴퓨터의 속도
(D) 컴퓨터의 무게

28. 지문에 따르면, ENIAC에 관해 무엇이 사실인가?
(A) 코끼리보다 가볍다.
(B) 엘리베이터보다 작다.
(C) 수학에서 인간보다 빠르다.
(D) 100년 전에 개발됐다.

풀이 최초의 컴퓨터인 ENIAC에 대해 설명하고 있는 글이므로 27번은 (B)가 답이다. (C)와 (D)의 경우 컴퓨터의 속도와 무게에 대한 내용이 나오긴 하지만, ENIAC의 특징을 설명하기 위해 나온 세부적인 사항이므로 오답이다. 1초에 5000개의 방정식을 풀 수 있다고 했으므로 이는 인간보다 빠른 계산 능력이라 할 수 있기에 28번은 (C)가 답이다. (A)의 경우 ENIAC이 코끼리보다 무게가 더 나가므로 오답이다.

Words and Phrases develop 개발하다 | build 만들어 내다, 개발하다; 짓다 | weigh 무게가 ~이다 | take up (시간·공간)을 차지하다 | call ~라고 부르다, 이름을 지어주다 | calculate 계산하다 | equation 방정식 | several 몇몇 | almost 거의

[29–30]

My father is a cook. He works at a Chinese restaurant. He makes delicious food. I really like the noodles he makes. He can make many kinds of noodles with different sauces. He uses onions, potatoes, carrots, beef, pork, and even seafood. He fries the noodles and, sometimes, he puts the noodles in the soup. I love all the kinds of noodles he makes.

29. What is true about the writer's father?
    (A) He is Chinese.
    (B) He speaks Chinese very well.
    (C) He loves to eat Chinese food.
    (D) He cooks at a Chinese restaurant.

30. What is NOT an ingredient the writer's father uses to cook noodles?
    (A) beef
    (B) garlic
    (C) carrots
    (D) seafood

해석 우리 아버지는 요리사이다. 그는 중식당에서 일한다. 그는 맛있는 음식을 만든다. 나는 그가 만드는 국수가 정말 좋다. 그는 다른 양념을 가지고 많은 종류의 국수를 만들 수 있다. 그는 양파, 감자, 당근, 소고기, 돼지고기 그리고 심지어 해산물을 이용한다. 그는 국수를 볶고 때때로 수프에 국수를 넣는다. 나는 그가 만드는 모든 종류의 국수를 좋아한다.

29. 글쓴이의 아버지에 관해 사실인 것은 무엇인가?
(A) 그는 중국인이다.
(B) 그는 중국어를 매우 잘한다.
(C) 그는 중식 먹는 것을 좋아한다.
(D) 그는 중식당에서 요리한다.

30. 글쓴이의 아버지가 국수를 요리하려고 사용하는 재료가 아닌 것은 무엇인가?
(A) 소고기
(B) 마늘
(C) 당근
(D) 해산물

풀이 첫 두 문장에서 글쓴이의 아버지가 요리사이고 중식당에서 일한다고 했으므로 29번은 (D)가 답이다. 마늘은 언급되지 않았으므로 30번은 (B)가 답이다.

Words and Phrases delicious 맛있는 | sauce 소스 | pork 돼지고기 | seafood 해산물 | ingredient 재료

memo

memo

국제토셀위원회

TOSEL
심화문제집

BASIC